Qualität in der Sozialen Arbeit

Pflicht oder Chance?

von

Susanne Mülhausen

Tectum Verlag
Marburg 2004

Mülhausen, Susanne:
Qualität in der Sozialen Arbeit.
Pflicht oder Chance?.
/ von Susanne Mülhausen
- Marburg : Tectum Verlag, 2004
ISBN 978-3-8288-8638-4

© Tectum Verlag

Tectum Verlag
Marburg 2004

INHALT

Verzeichnis der Abbildungen 6
Verzeichnis der Abkürzungen 7
Einleitung 9
1. Die geschichtliche Entwicklung von Qualität 12
   1.1   Die historischen Wurzeln 12
   1.2   Die internationale Entwicklung der Qualitätssicherung. 13
   1.3   Die Entwicklung der Qualität in der Sozialen Arbeit 14
2. Die Rahmenbedingungen 16
   2.1   Sozialpolitischer Kontext 16
   2.2   Gesetzliche Regelungen 17
   2.3   Wirtschaftliche Forderungen 17
   2.4   Fazit 18
3. Schlüsselbegriffe der Qualitätsdiskussion 19
   3.1   Qualität 19
        3.1.1 Qualität im sozialen Bereich 20
        3.1.2 Kritische Betrachtung der Qualitätsdefinitionen 21
   3.2   Dienstleistung 23
        3.2.1 Dienstleistungen im sozialen Bereich 24
        3.2.2 Wer ist Kunde einer sozialen Dienstleistung? 24
   3.3   Was ist Qualität für den Kunden? 25
4. Instrumente und Methoden 26
   4.1   Qualitätssicherung 26
   4.2   Qualitätsentwicklung 26
   4.3   Qualitätsmanagement 27
   4.4   Qualitätsmanagementsystem 27
   4.5   Qualitätspolitik 28
   4.6   Qualitätszirkel 28

- 4.7 Qualitätsbeauftragter (QM-Promoter, TQM-Koordinator) 28
- 4.8 Qualitätsstandards 28
- 4.9 Qualitätsaudit 29
- 4.10 Evaluation 29
- 4.11 Benchmarking 29
- 4.12 Controlling 30
- 4.13 Zertifizierung 30

5. Qualitätskonzepte 31
- 5.1 Donabedian 31
- 5.2 Total Quality Management (TQM) 32
  - 5.2.1 Begriffserläuterung 33
  - 5.2.2 Das TQM-Gebäude 34
  - 5.2.3 Die TQM-Bausteine 35
  - 5.2.4 Schwierigkeiten des Total-Quality-Management 38
  - 5.2.5 Fazit 39

6. Modelle 40
- 6.1 Die Grundlagen des EFQM-Modell für Excellence 40
  - 6.1.1 Die Grundkonzepte der Excellence 41
  - 6.1.2 Das Modell ‚EFQM für Excellence' 43
  - 6.1.3 Die RADAR-Logik 48
  - 6.1.4 Die Selbstbewertung 50
  - 6.1.5 Vor- und Nachteile des EFQM 50
  - 6.1.6 Fazit 51
- 6.2 DIN EN ISO 9000ff 52
  - 6.2.1 Entwicklung 52
  - 6.2.2 Struktur der ISO-Normen 53
  - 6.2.3 Leitfaden für Dienstleistungen – DIN EN ISO 9004/2 54
  - 6.2.4 Das Qualitätssicherungshandbuch 54

6.2.5 Die Qualitätsmanagement-Elemente 55
6.2.6 Vor- und Nachteile der DIN EN ISO 9000ff 60
6.2.7 Fazit 62
7. **Vergleich EFQM und DIN EN ISO 9000ff** 63
8. **Die Umsetzung der DIN EN ISO 9002 in den St. Josefs-Werkstätten Plaidt** 66
   8.1 Grundsätzliche Informationen zur Einrichtung 66
   8.2 Zertifizierung nach DIN EN ISO 9002 – Ein Projekt mit rheinland-pfälzischen Werkstätten für Behinderte 67
   8.3 Beispiele für die Umsetzung der DIN EN ISO 9002 anhand einiger QM-Elemente 70
      8.3.1 Element 1: Verantwortung der obersten Leitung 70
      8.3.2 Element 8: Rückverfolgbarkeit 72
      8.3.3 Element 16: Qualitätsaufzeichnungen 73
      8.3.4 Element 17: Interne Audits 73
      8.3.5 Element 18: Schulung 74
   8.4 Erfahrungen und Schwierigkeiten bei der Zertifizierung in rheinland-pfälzischen Werkstätten für Behinderte 76
      8.4.1 Auswirkungen in den St. Josefs-Werkstätten Plaidt 76
      8.4.2 Resümee der am Projekt beteiligten Werkstätten 76
9. **Schlussfolgerungen** 80
   9.1 Qualität als „Pflichtprogramm" Sozialer Arbeit 80
   9.2 Qualität als Chance für die Soziale Arbeit 81
   9.3 Risiken, Gefahren und Schwierigkeiten der Qualität in der Sozialen Arbeit 83
   9.4 Die Bedeutung von Qualität für die Professionalisierung Sozialer Arbeit 84
10. **Fazit und Ausblick** 86
Literaturverzeichnis 90

Verzeichnis der Abbildungen

ABBILDUNG 1: DIE HISTORISCHE ENTWICKLUNG DER QUALITÄT 12

ABBILDUNG 2: QUALITÄT IN DER SOZIALEN ARBEIT IM KONTEXT VON INTERESSEN 22

ABBILDUNG 3: QUALITÄTSSICHERUNG 26

ABBILDUNG 4: QUALITÄTSENTWICKLUNG 27

ABBILDUNG 5: DAS DONABEDIAN-QUALITÄTSMODELL................ 31

ABBILDUNG 6: GRUNDGEDANKEN DES TOTAL QUALITY MANAGEMENT 33

ABBILDUNG 7: DAS TQM-GEBÄUDE 34

ABBILDUNG 8: DIE KUNDEN-LIEFERANTEN-BEZIEHUNG 37

ABBILDUNG 9: DIE GRUNDKONZEPTE DER EXCELLENCE 41

ABBILDUNG 10: DAS EFQM-MODELL FÜR EXCELLENCE 43

ABBILDUNG 11: DAS RADAR-KONZEPT 48

ABBILDUNG 12: DIE STRUKTUR DER ISO 9000FF 53

ABBILDUNG 13: DIE ELEMENTE DES QS-HANDBUCHES IM ÜBERBLICK................ 55

ABBILDUNG 14: INHALTLICHE UNTERSCHIEDE ZWISCHEN EFQM
UND DIN EN ISO 9000FF 63

ABBILDUNG 15: DIE WERKSTATTÜBERGREIFENDEN ARBEITSKREISE 67

ABBILDUNG 16: DIE WERKSTATTINTERNE PROJEKTORGANISATION 68

ABBILDUNG 17: DIE ZUSAMMENFASSENDE EINSCHÄTZUNG DER VERÄNDERUNGEN
IN DEN WERKSTÄTTEN FÜR BEHINDERTE 78

ABBILDUNG 18: DIE ZUSAMMENFASSENDE BEWERTUNG DER ZIELERREICHUNG 79

ABBILDUNG 19: DIE BESTIMMUNGSFAKTOREN DER QUALITÄT
SOZIALER DIENSTLEISTUNGEN 88

Verzeichnis der Abkürzungen

BSHG	Bundessozialhilfegesetz
bzw.	beziehungsweise
BSI	British Standards Institut
ca.	circa
CQA	Corporate Quality Akademie
d. h.	das heißt
DGQ	Deutsche Gesellschaft für Qualität
DIN	Deutsche Industrie Norm
ebd.	ebenda
EFQM	European Foundation für Quality Management
EN	Europäische Norm
EQA	European Quality Award
FTA	Forschungsstelle Technologie und Arbeit
ISO	Internationale Standard Organisation
KJHG	Kinder- und Jugendhilfegesetz
KVP	kontinuierlicher Verbesserungsprozess
m. E.	meines Erachtens
MBNQA	Malcom Baldrige National Quality Award
o. ä.	oder ähnlich
QM	Qualitätsmanagement
QS	Qualitätssicherung
SA	Sozialarbeiter/Sozialarbeiterin
SGB	Sozialgesetzbuch
SP	Sozialpädagoge/Sozialpädagogin
TQM	Total Quality Management
u. ä.	und ähnlich
u. a.	unter anderem
usw.	und so weiter
vgl.	vergleiche
WfB	Werkstatt für Behinderte

EINLEITUNG

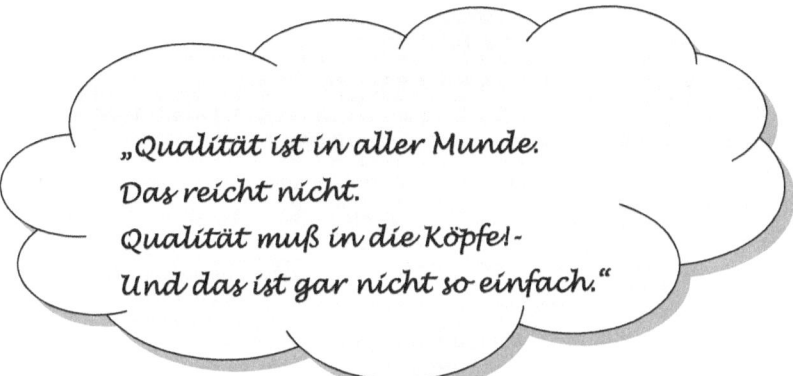

„Qualität ist in aller Munde.
Das reicht nicht.
Qualität muß in die Köpfe! -
Und das ist gar nicht so einfach."

(vgl. Hollerith in Schubert/Zink, 1997, 219)

Ja, Qualität ist in aller Munde. Die Diskussion über Qualität und vor allem Qualität in der Sozialen Arbeit hat in den letzten 10 Jahren erheblich an Bedeutung gewonnen. Die steigende Anzahl von Veröffentlichungen zu diesem Thema unterstreicht den Diskussions- und Informationsbedarf. Doch was *Hollerith* mit dem o. g. Zitat ausdrückt ist meines Erachtens, dass es nicht reicht, wenn über das Thema Qualität gesprochen wird, sondern, dass es verstanden und akzeptiert werden muss. Nur wenn es in den Köpfen ist, kann Qualität gelebt werden.

In dieser Diplomarbeit will ich mich mit dem Thema „Qualität in der Sozialen Arbeit" auseinandersetzen und aufzeigen, warum diese Materie in der Sozialen Arbeit aktuell geworden ist, warum so viel darüber debattiert wird, kurz warum es in aller Munde ist.

Die Intensität, mit der sich mit dem Thema beschäftigt wird, lässt folgende Fragen aufkommen: Gab es früher bzw. vorher keine Qualität oder wurde sie ignoriert? Ist Qualität etwas Neues in der Sozialen Arbeit? Diese Fragen sind zu verneinen, aber früher wurden andere Qualitätskriterien akzeptiert. Die Zugehörigkeit zu einem bestimmten, z. B. kirchlichen Verband oder zu einer Institutionalform, wie etwa Volkshochschule, reichte aus. Dies wird heute weder vom Verbraucher noch von staatlichen Zuwendungsgebern als hinreichend akzeptiert. Andere Qualitätsnachweise werden gefordert (vgl. Becker in Heiner, 313).

Qualität in der Sozialen Arbeit - Pflicht oder Chance?

Die Auseinandersetzung mit Qualität bzw. die Einführung von Qualitätsmanagementsystemen wird somit zur „Pflicht" für Einrichtungen in der Sozialen Arbeit. Wer, warum und wie Qualität fordert bzw. auch warum sie notwendig ist, will ich in dieser Arbeit beleuchten.

Aber dies ist nur eine Perspektive. Ist die Qualitätsdebatte und die Umsetzung von Qualitätsmanagementsystemen wirklich nur Pflicht, oder ergeben sich hieraus auch Chancen für die Soziale Arbeit?

Ob nun der Titel dieser Arbeit „Qualität in der Sozialen Arbeit - Pflicht oder Chance?" richtig gewählt ist oder vielleicht besser lauten würde „Qualität in der Sozialen Arbeit - Pflicht und Chance", möchte ich den Lesern dieser Arbeit gerne als Gedanke mit auf den Weg geben und am Ende dieses Werkes noch einmal aufgreifen.

Um sich eine Meinung zu bilden bzw. einen Standpunkt in der Qualitätsdiskussion zu vertreten, bedarf es mannigfaltiger Informationen rund um Qualität.

So wird zunächst in Kapitel eins aufgezeigt, wo die Wurzeln der Qualitätsdiskussion liegen und die Entwicklung derselben. Im Anschluss wird der Frage nachgegangen wie die Qualität in die Soziale Arbeit kam und was die Rahmenbedingungen und Gründe für die Aktualität der Qualitätsdebatte in diesem Bereich sind (Kapitel zwei).

Das dritte Kapitel befasst sich mit Begriffen, die die Qualitätsdiskussion bestimmen. Hier wird unter anderem dargelegt, was unter Qualität zu verstehen ist. Denn fragt man einige Personen ganz spontan, was für sie Qualität ist, so bekommt man fast ausschließlich die Antworten: „was gutes", „das, was ich mir wünsche", „was günstig und gut ist". Qualität ist ein Wort, welches uns heute in vielerlei Reklame und Werbeslogan begegnet, doch nur wenn man dasselbe darunter versteht, ist eine Diskussionsgrundlage vorhanden.

Im vierten Kapitel werden Instrumente und Methoden zur Qualitätsentwicklung und -sicherung vorgestellt.

Daraufhin folgen im fünften Kapitel grundlegende Qualitätskonzepte und im sechsten Kapitel werden zwei konkrete Modelle (EFQM und DIN EN ISO 9000ff) erläutert, die sich zur Einführung eines Qualitätsmanagementsystems eignen. Anschließend werden die zwei Modelle verglichen (Kapitel sieben).

Kapitel acht zeigt am Beispiel der St. Josefs-Werkstätten Plaidt, einer Werkstatt für psychisch behinderte Menschen, die Umsetzung der DIN EN ISO 9000ff.

Im neunten Kapitel werden die Pflichten, Chancen, Risiken und Schwierigkeiten der Qualität in der Sozialen Arbeit beleuchtet, bevor ich im zehnten Kapitel mir ein Fazit und einen Ausblick in die Zukunft erlaube.

Abschließend einige formale Hinweise.

In der vorliegenden Diplomarbeit umfasst der Begriff Soziale Arbeit alle vielfältigen Arbeitsfelder über A wie Altenhilfe, Ausländerarbeit, B wie Behindertenarbeit, J wie Jugendarbeit/-bildung, E wie Erwachsenenbildung bis S wie Straffälligenhilfe. Ein Anspruch auf Vollständigkeit wird nicht erhoben. Eine Trennung in sozialarbeiterische oder sozialpädagogische Gebiete bzw. eine Hervorhebung nach anderen Kriterien ist für das Thema dieser Arbeit unzweckmäßig, da die Diskussion über Qualität in alle Gebiete Einzug gehalten hat bzw. hält.

Zum Zwecke der einfacheren Lesbarkeit verwende ich bei Personen/Bezeichnungen die männliche Form und meine damit beide Geschlechter.

Da die Wurzeln der Qualitätssicherung in der Wirtschaft liegen und zur Erläuterung der Modelle auch eher betriebswirtschaftliche Literatur verwandt wurde, bitte ich die Begriffe „Unternehmen", „Organisation", „Einrichtung" in dieser Arbeit als synonym zu betrachten.

Ferner sind die Begriffe „Klient" und „Kunde" als gleichbedeutend anzusehen.

Bei Zitaten aus dem Internet wurde so weit wie möglich eine Seitenangabe gemacht.

1. DIE GESCHICHTLICHE ENTWICKLUNG VON QUALITÄT

Abbildung 1: Die historische Entwicklung der Qualität

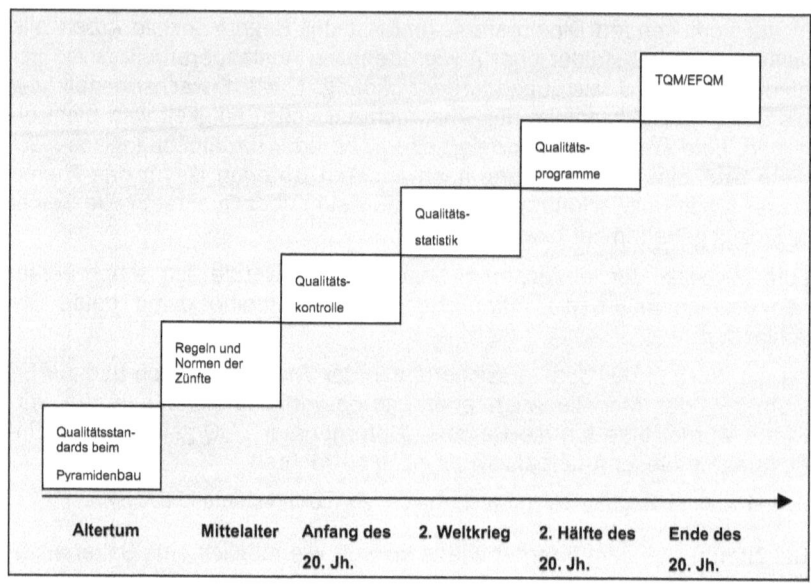

(vgl. Bruhn/Homburg, 2001, 626)

1.1 Die historischen Wurzeln

Blickt man zurück bis zu den alten Ägyptern, Babyloniern, den Griechen und den Römern, so ist festzustellen, dass sich bereits damals mit der Erstellung und Vereinfachung von Normen bezüglich Gewichten, Maßen, Arbeit und Qualität beschäftigt wurde (vgl. Gumpp/Wallisch, 1996, 35-36).

Schon vor ca. 4500 Jahren wurden beim ägyptischen Pyramidenbau Qualitätsstandards definiert und ihre Einhaltung überprüft. Im Mittelalter diente neben der Einführung von Regeln und Normen die Ablegung von Gesellen- und Meisterprüfungen der Sicherstellung einer hohen Qualität von Handwerksleistungen (vgl. Bruhn/Homburg, 2001, 625-626).

Die Qualitätsdiskussion ist also ein altes philosophisches Thema der Menschen. „Allerdings ist die Klaviatur, auf der es derzeit gespielt wird, eine neu gestimmte, und ‚die Töne' sind aus den Kinderstuben und Fachzirkeln heraus in die Vielfalt und Weite globaler Räume transportiert worden" (Irskens/Vogt in Irskens/Vogt, 2000, 8).

1.2 Die internationale Entwicklung der Qualitätssicherung

Die Wurzeln der Qualitätssicherung liegen in den USA. Schon in den 20er und 30er Jahren des letzten Jahrhunderts erkannten große amerikanische Firmen den Vorteil der Qualitätssicherung. Sie stellten fest, dass es billiger ist sofort qualitativ hochwertige und zuverlässige Produkte herzustellen, als später die Kosten für Reparaturen und Reklamationen zu tragen.

Im zweiten Weltkrieg legte die amerikanische Regierung großen Wert auf die Qualitätssicherung von Kriegsmaterial, um verheerende Folgen aufgrund von Materialfehlern möglichst gering zu halten (vgl. Glaap, 1996, 11).

Nach dem zweiten Weltkrieg, aufgrund der ausgezeichneten Stellung der USA in der Weltwirtschaft, versickerte ihr Interesse an Qualität. Die Wirtschaft florierte auch ohne die Anwendung von Qualitätssicherungsmaßnahmen.

W. Edwards Deming und M. Juran sind Pioniere der Qualitätssicherung. Beide wanderten in den 50er Jahren des 20. Jahrhunderts von den USA nach Japan aus. In Japan entwickelten sie, übrigens jeder für sich, da sie eher Rivalen waren, die in den USA gereiften Qualitätsphilosophien weiter und übertrugen sie auf die kulturellen und wirtschaftlichen Bedingungen Japans (vgl. Glaap, 1996, 11ff).

Fast 30 Jahre später, als Japan Vorreiter in vielen Gebieten geworden war, z. B. in Elektronik, Optik und Motorradindustrie, wurde man zumindest auch in den USA wieder aufmerksam auf qualitätssichernde Maßnahmen.

In Amerika entfachte das „Quality-Fieber", begleitet von mancherlei Skepsis, aber deutlichen Anzeichen von Erfolg. Das Qualitätswesen erhielt neue Impulse und Ansätze (vgl. Glaap, 1996, 23).

In Europa fällt die Akzeptanz von Qualitätskonzepten zunächst schwer. Erst ab Mitte der 80er Jahre des letzten Jahrhunderts werden in Europa umfassende und ganzheitliche Qualitätsansätze diskutiert (vgl. Zink/Schildknecht in Zink, 1992, 102).

1.3 Die Entwicklung der Qualität in der Sozialen Arbeit

Die steigende Aufmerksamkeit und Diskussion über Qualität in der Sozialen Arbeit lässt mitunter den Anschein erwecken, als wären die Gedanken an Qualität etwas völlig Neues in sozialen Arbeitsfeldern.

Meinhold schreibt hierzu: „Was an der Qualitätssicherung neu ist, ist nicht das „daß", sondern das „wie" und die Form, in der diese Arbeit organisiert und deren Ergebnisse systematisiert und umgesetzt werden" (Meinhold, 1998, 92).

Blicken wir in der Geschichte der Sozialen Arbeit zurück, so finden wir viele erste Theoretiker der Sozialen Arbeit, u. a. Alice Salomon (geb. 1872), Christian Jasper Klumker (geb. 1868) sowie Ilse von Arlt (geb. 1876), die ein Studium in Ökonomie absolviert haben (vgl. Engelke, 1998, 161ff).

Sie wirkten Ende des 19. bzw. Anfang des 20. Jahrhunderts. Es war eine Zeit, in der die Soziale Arbeit ähnlich wie heute gezwungen war professionelle Antworten auf sozioökonomische Zwänge zu finden (vgl. Staub-Bernasconi, 2000, 7).

Exemplarisch möchte ich anhand von Gedanken und Arbeitsweisen Ilse von Arlts aufzeigen, dass bereits vor 80 – 100 Jahren Aspekte von Ökonomie, Leistung und Qualität in der Sozialen Arbeit aktuell waren.

Ilse von Arlt sah in den Untersuchungsweisen der Volkspflege die Möglichkeit, Aufwand und Leistung zu vergleichen (vgl. Staub-Bernasconi, 2000, 7).

Nach Arlts Auffassung ist von den Methoden der Naturwissenschaft folgendes zu übernehmen:

- Die Aufzeichnung der messbaren Erscheinungen nach derselben Methode, um die Ergebnisse vergleichbar zu machen.
- Die Ermittlung und Berücksichtigung von Fehlerquellen.
- Das Anlegen von archivartigen Sammlungen unendlich vieler Beobachtungen.
- Alle Faktoren, welche das Ergebnis beeinflussen können, sind zu beobachten
(vgl. Engelke, 1998, 276-277).

Durch diese Rationalisierung wird Armut hinsichtlich Qualität und Quantität messbar. Ökonomie als Disziplin und betriebswirtschaftliche Fragestellungen wurden in der damaligen Zeit also befürwortet (vgl. Staub-Bernasconi, 2000, 7).

Von den Ideen und Ansichten der Sozialen Arbeit, nicht lediglich ökonomische Fakten und Möglichkeiten zu berücksichtigen, profitierte damals auch die Wirtschaft. Denn Anfang des 20. Jahrhunderts übernahm Mary Parker Follet (geb. 1868) die von ihr in der Sozialen Arbeit entwickelten professionellen Qualitätsstandards als Maßstab und Impuls für die Weiterentwicklung von Wirtschaftsunternehmen (vgl. Staub-Bernasconi, 2000, 13).

Die genannten Ökonomen und Theoretiker der Sozialen Arbeit waren vorwiegend zu Beginn des 20. Jahrhunderts aktiv. Mit Ausbruch des zweiten Weltkrieg veränderte sich einiges, viele sozialen Arbeitsfelder kamen vorläufig zum Erliegen.

Nach dem Ende des Zweiten Weltkrieg standen zunächst flächendeckende und kurzfristige Hilfsmaßnahmen auf der sozialpolitischen Tagesordnung. In dieser politischen Debatte spielten Fragen nach der Qualität der Sozialen Arbeit keine Rolle.

Die ersten formal-rechtlichen Kriterien wurden im Jahr 1961 mit der Novellierung des Jugendwohlfahrtsgesetzes aufgezeigt. Obwohl diese Gesetze in erster Linie vor allem einen instrumentellen Charakter zur Sicherstellung der Qualität hatten, waren sie dennoch die erstmalige Verankerung von individuellen Rechtsansprüchen auf soziale Dienstleistungen.

In den 70er Jahren des letzten Jahrhunderts wurden die ersten Studiengänge für Sozialarbeit/Sozialpädagogik an Fachhochschulen eingerichtet. Sie können als weiteren Schritt zur Professionalisierung und Qualitätssicherung angesehen werden (vgl. Engel/Flösser/Gensink in Heiner, 1996, 48-49).

Die Soziale Arbeit wird nach einer Phase des massiven Ausbaus sozialstaatlicher Dienstleistungs- und Hilfsangebote in den 70er und 80er Jahren des 20. Jahrhunderts, zunehmend mit Legitimationsanforderungen im Hinblick auf den Nachweis einer rationellen Aufgabenerfüllung konfrontiert. In diesem Zusammenhang wird der Nachweis von Qualität und Wirksamkeit zu einer zentralen Frage bei der Aufrechterhaltung der ökonomischen Grundlagen von Einrichtungen der Sozialen Arbeit. Der Nachweis von Qualität wird zu einem Wettbewerbs- und Konkurrenzfaktor zwischen Einrichtungen (vgl. Merchel, 1999, 11).

Die gesteigerte Aufmerksamkeit für Qualität in den 90er Jahren des 20. Jahrhunderts steht in engem Zusammenhang mit den in dieser Zeit eingeleiteten Umstrukturierungen von Verwaltungen (vgl. Oppen in Fachlexikon der Sozialen Arbeit, 1997, 753).

Einen weiteren Anstoß für radikale Umorientierungen gaben die gesetzlichen, ebenfalls in den 90er Jahren in Kraft getretenen, Veränderungen. Aber auch Neuorientierungen in der Sozialpolitik sowie Ansprüche der Wirtschaft sind Faktoren, die von Sozialer Arbeit Qualität einfordern. Diese Faktoren, die sich zum Teil auch untereinander bedingen, denn Gründe für Gesetzesänderungen ergeben sich auch aus (sozial-)politischen Anstößen, werde ich in den folgenden Abschnitten näher erläutern.

2. DIE RAHMENBEDINGUNGEN

2.1 Sozialpolitischer Kontext

Im Zusammenhang mit Finanzierungsproblemen des öffentlichen Sektors wird immer mehr über einen Umbau des Wohlfahrtstaates nachgedacht. Der Wohlfahrtsstaat wird als nicht mehr zeitgemäß bezeichnet, nicht nur wegen der Unbezahlbarkeit, sondern auch deshalb, weil er an innere, an gesellschaftliche Grenzen stößt (vgl. Speck, 1999, 18).

In diesem Rahmen spielen Überlegungen zur Überprüfung der Qualität von Leistungen eine wichtige Rolle. Es stellen sich Fragen wie: Bekommt der Staat als Auftraggeber für sein Geld (z. B. Zuschüsse, Pflegesätze) die vereinbarten Leistungen von den Produzenten sozialer Dienstleistungen? Kann er sie bei anderen Anbietern kostengünstiger bei gleicher oder gar besserer Qualität kaufen? Dies sind grundlegende Fragen aus der Sicht des Kostenträgers sozialer Dienste und Einrichtungen (vgl. Heiner in Heiner, 1996, 22).

In einem finanziell schwächer werdenden Staat ist dieser Gedanke von grundlegender Bedeutung. Doch um diese Fragen zu beantworten, braucht man Vergleichsmöglichkeiten, Leistungsanforderungen, Beschreibungen und Kontrollmöglichkeiten.

In diesem Kontext sind mittlerweile viele gesetzliche Vorschriften novelliert worden, die nachfolgend aufgeführt werden.

2.2 Gesetzliche Regelungen

Vor allem ökonomische Gründe sind ausschlaggebend für einschneidende gesetzliche Veränderungen. Ein ärmer werdender Staat zieht in seiner Not gewissermaßen die Notbremse, um auf Sparen umzuschalten (vgl. Speck, 1999, 34).

Mittlerweile gibt es viele Sozialgesetze in denen Qualität, wirtschaftliche Leistung, Qualitätssicherung und Qualifikation gefordert werden. Folgende Paragraphen und kurze Auszüge sind beispielhaft zu nennen:

- § 93ff BSHG wo es heißt, „wenn mit dem Träger der Einrichtung oder seinem Verband eine Vereinbarung 1. über Inhalt, Umfang und Qualität der Leistungen (Leistungsvereinbarung) 2. die Vergütung, (...) und 3. die Prüfung der Wirtschaftlichkeit und Qualität der Leistungen (Prüfungsvereinbarung) besteht (...)".
- § 78ff SGB VIII (KJHG) - Vereinbarungen über Leistungsangebote, Entgelte und Qualitätsentwicklung
- § 70 SGB V mit der Vorschrift, „Die Versorgung der Versicherten (...) muss in der fachlich gebotenen Qualität sowie wirtschaftlich erbracht werden."
- § 135ff SGB V - Sicherung der Qualität der Leistungserbringung
- § 20 SGB IX mit der Aussage, „(...) zur Sicherung und Weiterentwicklung der Qualität der Leistungen (...)"
- § 80 SGB XI - Maßstäbe und Grundsätze zur Sicherung und Weiterentwicklung der Pflegequalität

2.3 Wirtschaftliche Forderungen

Das Thema Qualität hat für Werkstätten für Behinderte, die als Partner industrieller Unternehmen agieren, an Bedeutung gewonnen und ist unerlässlich geworden. Die Werkstätten erhalten viele Aufträge aus der Industrie. Diese Auftraggeber fordern oftmals den Nachweis eines entsprechenden Qualitätsmanagementsystems nach den Normen der DIN EN ISO 9000ff.

Aber auch in Bereichen, wie in Pflege oder Weiterbildung, wo immer mehr soziale Dienstleistungen von privaten Anbietern, Vereinen o. ä. angeboten werden, erfordert der wirtschaftliche Druck ein Qualitätsmanagement, möglichst mit Zertifizierung, um sich auf dem Markt behaupten zu können.

Zudem heißt es im § 93 I BSHG: „(...) Sind Einrichtungen vorhanden, die in gleichem Maße geeignet sind, soll der Träger der Sozialhilfe Vereinbarungen vorrangig mit Trägern abschließen, deren Vergütung bei gleichem Inhalt, Umfang und Qualität der Leistung nicht höher ist als die anderer Träger (...)".

Demnach zwingen sowohl Forderungen der (industriellen) Auftraggeber als auch die starke Konkurrenz, Einrichtungen der Sozialen Arbeit sich mit dem Thema Qualität auseinander zu setzen, um wettbewerbsfähig zu sein.

2.4 Fazit

Wer soziale Dienstleistungen erbringt, kann es sich aus eigenem Interesse nur vereinzelt leisten, sich nicht des Qualitätsthemas anzunehmen. Die Finanzierung von Leistungen erfordert Nachweise und ist an Qualitäts- und Leistungsvereinbarungen gebunden.

Wer sich heutzutage nicht freiwillig mit der Qualitätssicherung auseinandersetzt, wird durch gesetzlichen Vorgaben oder Forderungen der Auftraggeber gezwungen sich als soziale Organisationen und Einrichtungen mit dem Thema Qualität zu beschäftigen, um konkurrenz- und wettbewerbsfähig zu sein.

Selbst den vielen kirchlichen Institutionen sinken die Möglichkeiten, Eigenmittel einzusetzen, so dass ein Wettbewerb um die öffentlichen finanziellen Mittel längst in Gang gekommen ist. Die Zeit, wo es fast keinen „Wettbewerb" bzw. keine Konkurrenz in der Sozialen Arbeit gab, ist vorbei.

Zusammenfassend schreibt *Hekking* zum aktuellen Stand nachstehendes: „Qualitätsmanagement sozialer Dienstleistungen steckt in Deutschland noch in den Kinderschuhen, aber immer mehr soziale Dienstleistungsunternehmen und ihre Partner auf der Seite der Leistungsträger haben erkannt, daß es in der wettbewerbs- und marktorientierten Dienstleistungsgesellschaft der Zukunft zum wichtigsten Erfolgsfaktor wird" (Hekking in Schubert/Zink, 1997, 208).

3. SCHLÜSSELBEGRIFFE DER QUALITÄTSDISKUSSION

3.1 Qualität

„Qualität ist stets eine Bewertung, die für viele Menschen unterschiedlich sein kann" (Lung, 1998, 301). Dennoch wird von verschiedenen Seiten der Geldgeber und Kunden Wert auf Qualität gelegt. Man will wissen, wie qualitativ das Produkt oder die Dienstleistung ist, die man erhält oder finanziert (vgl. Lung, 1998, 301).

Verfügt man über keine einheitliche Maßskala oder ähnliches, ist Qualität abhängig von der jeweiligen Sichtweise, der jeweiligen Person oder Institution. Die Beurteilung der Qualität erfolgt durch diejenigen, die eine Ware, ein Gut, eine Dienstleistung nachfragen und ist somit subjektiv (vgl. Becker in Heiner, 1996, 293).

Neuere Erkenntnisse gehen sogar davon aus, dass kulturelle Einflüsse den Qualitätsbegriff im wesentlichen mitbestimmen (vgl. Becker in Heiner, 1996, 292-293).

Was heißt denn nun Qualität?

Der Urspruch des Begriffes Qualität ist im lateinischen qualis zu finden, welches beschaffen bedeutet. Qualitas ist das entsprechende Substantiv und besagt soviel wie Beschaffenheit, Eigenschaft.

Nach DIN EN ISO 8402 sowie DIN EN ISO 9004, Teil 2 versteht man unter Qualität „(...) die Gesamtheit von Eigenschaften und Merkmalen eines Produktes oder einer Dienstleistung, die sich auf deren Eignung zur Erfüllung festgelegter oder vorausgesetzter Erfordernisse beziehen" (Glaap, 1996, 51).

Laut DIN ISO 55350, Teil 11 wird Qualität als "(...) die Beschaffenheit einer Einheit bezüglich ihrer Eignung, festgelegte und vorausgesetzte Erfordernisse zu erfüllen..." (Köhler, 1995, 9) bezeichnet.

Eine weitere, sehr kundenorientierte Definition ist die von *Blümkes*. Demnach stellt sich Qualität erst dann ein, wenn jeder genau das bekommt, was er erwartet und wünscht (vgl. Merle, 1998, 22).

3.1.1 Qualität im sozialen Bereich

Die Facetten von Qualität in der Sozialen Arbeit beschreibt folgendes Zitat sehr treffend. „Qualität bedeutet nämlich vor allen Dingen Fürsorge, Menschen, Passion, Konsequenz, Augenkontakt und intuitives Reagieren. Qualität ist keine Technik, und sei die Technik auch noch so gut" (Peters/Austin, 1993, 131).

Laut *Speck* lassen sich aufgrund eines ökonomisch bestimmten Qualitätsinteresses folgende Begriffe von Qualität im sozialen Bereich unterscheiden:

a) *betriebswirtschaftliche Qualität*, welche auf optimale wirtschaftliche Effizienz einer Institution gerichtet ist. Sie ist erforderlich, um auf dem Markt konkurrenzfähig zu bleiben.

b) *Spitzenqualität*, welche konkurrenzfähige Höchstleistungen intendiert. Weniger Qualifizierte bleiben nachgeordnet. Somit kommt der Spitzenqualität keine Leitfunktion im Sinne sozialer Qualität zu, da sie die sozial Benachteiligten nachordnet.

c) *Mindest- oder Restqualität*, ist zu verstehen als eine Qualitätsstufe, die unter dem Druck ökonomischer Bedingungen entstehen kann. Sie betrifft diejenigen, die am wenigsten oder gar nicht zur Erhöhung oder Erhaltung des Sozialproduktes beitragen können, und die auf das angewiesen sind, was für sie übrigbleibt. Es ist im Grunde keine wirkliche Qualität im Sinne menschenwürdiger Lebensqualität, sondern lediglich ein Minimum zum Überleben. Aufgrund unzulänglicher rechtlicher Regelungen kann es vorkommen, dass dieses Überlebensminimum noch als legitimierbare Mindestqualität ausgelegt wird

(vgl. Speck, 1999, 128-129).

„Mit Sozialer Qualität ist ein Wertkomplex gemeint, der sich auf das Individuum als Person, begabt mit unverlierbarer Menschenwürde, und zugleich auf seine Zugehörigkeit (Inklusion) zu anderen in einer ihm und dem Gemeinwohl förderlichen Weise bezieht. Eine spezifische Ausprägung und Funktion erhält diese Qualität unter dem Aspekt drohender Ausgrenzungen (Exklusionen), wie z.B. im Falle ökonomischer Benachteiligungen oder vorliegender funktioneller Beeinträchtigungen (Behinderungen)" (Speck, 1999, 129).

Dieses Zitat weist auf die Eigenheiten ‚sozialer Qualität' hin, die Qualität in der Sozialen Arbeit von Qualität in der industriellen Produktion unterscheidet.

Qualität in sozialen Einrichtungen und sozialen Dienstleistungen lässt sich durch verschiedene Bestimmungsgrößen als Teilwerte charakterisieren:

- Menschlichkeit
- Autonomie
- Professionalität
- Kooperativität
- Organisationale Funktionabilität
- Wirtschaftlichkeit

(vgl. Speck, 1999, 130).

3.1.2 Kritische Betrachtung der Qualitätsdefinitionen

- Die hier aufgeführten Definitionen von Qualität verdeutlichen, dass eine Verständigung über Qualität wichtig ist. Qualität ist nicht gleich Qualität.

- Die Definition von *Blümkes*, wonach Qualität sich dann einstellt, wenn jeder das bekommt, was er erwartet und wünscht, kann in vielen sozialen Arbeitsfeldern nicht das Ziel sein.

Hierzu zwei kurze Beispiele:

A) Die Erwartung von Alkohol- oder Drogenabhängigen die Sucht mittels den erwarteten Drogen zu erfüllen und sich womöglich die Gelder für den Kauf der Drogen illegal zu besorgen, kann nicht Ziel von Sozialpädagogen/Sozialarbeitern sein.

B) Ebenso nicht der Wunsch eines 10-jähriges Waisenkindes allein auf der Straße zu leben, anstelle in einer Pflegefamilie oder einem Heim.

Zu den moralischen oder ethischen Aspekten, dass man dieser Definition nicht gerecht werden will kommt noch das Faktum, dass es zusätzlich noch gesetzliche Rahmenbedingungen gibt, an die man als SA/SP gebunden ist.

Die Begriffbestimmung von Qualität nach DIN EN ISO 8402 sowie DIN EN ISO 9004, Teil 2 ist eine allgemeine offene, für alle Bereiche verwertbare Definition, da durch die Bezeichnung „Qualität ist die Gesamtheit von Eigenschaften und Merkmalen eines Produktes oder einer Dienstleistung (..)" (Glaap, 1996, 51), die Teilaspekte von Qualität des jeweiligen Produktes oder der Dienstleistung Beachtung finden können.

Die verschiedenen Facetten, die Qualität haben kann, kristallisieren sich je nach Arbeitsfeld, sei es Industrie oder Soziale Arbeit heraus.

In welchem Zusammenhang von Interessen Qualität in der Sozialen Arbeit zu sehen ist, wird in nachstehender Abbildung hervorgehoben. Diese Graphik erhebt keinen Anspruch auf Vollständigkeit.

Abbildung 2: Qualität in der Sozialen Arbeit im Kontext von Interessen

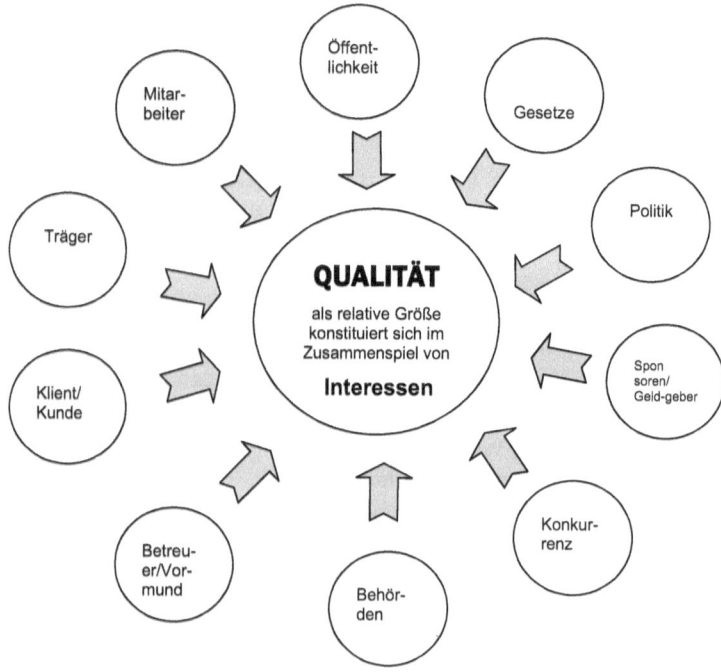

(vgl. Merchel in Merchel, 1999, 28)

Die im letzten Abschnitt (3.1.2) nach *Speck* aufgeführten Teilaspekte von Qualität in der Sozialen Arbeit sowie die Definition von *Peters* und *Austin* zeigen deutlich, dass es Unterschiede gibt zwischen Qualität in der Produktion und Qualität in sozialen Dienstleistungen. In der Produktion haben die Aspekte Menschlichkeit, Autonomie oder Fürsorge und Augenkontakt kaum Bedeutung. Der Blickwinkel im industriellen Sektor richtet sich stärker auf Design, Preis und Werbewirksamkeit eines Produktes.

Abschließend kann festgehalten werden, dass die es verschiedene Definitionen des Begriffs Qualität mit unterschiedlichen Wertansätzen gibt. Gemeinsam ist den verschiedenen Definitionen jedoch im allgemeinen, dass Qualität

- als Begriff neutral ist und stets in bezug auf bestimmte Anforderungen (z. B. des Kunden) benutzt wird,
- gemessen und somit laufend verändert werden kann (kontinuierlicher Verbesserungsprozess),
- nichts Absolutes ist, sondern sich auf die Beschaffenheit einer Leistung bezieht, und daher je nach „Beurteiler" ein unterschiedliches Verständnis von „herausragender Qualität" besteht,
- sich nicht durch eine einzige Größe beschreiben lässt, sondern sich aus einer Summe unterschiedlicher Merkmale und Eigenschaften zusammensetzt und
- dynamisch ist, wenn die Anforderungen und Erwartungen dynamisch sind

(vgl. Schubert/Zink, 1997, 238).

3.2 Dienstleistung

Immaterialität und Intangibilität sind zwei wesentliche Elemente, die eine Dienstleistung charakterisieren. Transportieren, lagern, sehen, schmecken, fühlen oder riechen einer Dienstleistung ist nicht möglich (vgl. Haller, 1998, 52).

Eine weitere Eigenschaft der Dienstleistung ist das ‚Uno-actu'-Prinzip, d. h. Konsum und Produktion fallen zusammen. Dieses Zusammentreffen von produzieren und konsumieren bedingt zugleich den Einbezug des Kunden. Die Erbringung einer Dienstleistung setzt einen direkten Kontakt zwischen Anbieter und Kunden voraus. Hierin liegt aber auch eine starke Variationsmöglichkeit der Dienstleistung, da sie abhängig ist von den beteiligten Personen. Sie hat somit einen sehr individuellen Charakter (vgl. Bieger, 2000, 8-9).

Eine Dienstleistung unterscheidet sich von einer Produktionsleistung zusätzlich in dem Punkt, dass zum einen das Fehlerrisiko erheblich höher ist, weil wesentlich mehr Parameter die Qualität und deren Sicherung beeinflussen und zum anderen geschehene Fehler nicht mehr rückgängig gemacht werden können.

3.2.1 Dienstleistungen im sozialen Bereich

Soziale Dienstleistungen zeichnen sich vor allem durch die Interaktion mit dem Kunden aus. Somit ist die Effektivität und Effizienz sozialer Dienstleistungen an Handlungskompetenz und Handlungsweisen gebunden.

Weitere Besonderheiten von Dienstleistungen in der Sozialen Arbeit sind:

- Der Auftraggeber (Kostenträger) ist selten der, der die Dienstleistung erhält.
- Eine Bewertung der Qualität der Dienstleistung ist dem Empfänger der Leistung nur begrenzt möglich.
- Eine Auswahl der Dienstleistung ist nur eingeschränkt möglich.
- Für gewisse Dienstleistungen stehen nur begrenzte Ressourcen zur Verfügung, die von sozialpolitischen Rahmenbedingungen abhängen.
- Ist der Kunde unzufrieden, erfährt der Auftraggeber dies lediglich mittelbar

  (vgl. Institut für Technologie und Arbeit, Verband Kath. Einrichtungen und Dienste für Lern- und geistigbehinderte Menschen e. V., 1998, 18)
- Soziale Dienstleistungen haben oftmals einen spontanen Charakter und entstehen in dem Moment, in dem der Empfänger sie erhält (vgl. Wetzler in Heiner, 1996, 108).

3.2.2 Wer ist Kunde einer sozialen Dienstleistung?

Als erstes haben wir die Kunden, die die eigentlichen Nutzer der Dienstleistung sind. Sie werden in den Gesetzen oft als Personen oder auch Versicherte bezeichnet. Der Ausdruck ‚Kunde' ist oftmals verschmäht, obwohl die Bürger heutzutage durchschnittlich 20% ihres Bruttoeinkommens für die soziale Sicherung aufwenden (vgl. Hekking in Schubert/Zink, 1997, 207).

Die zweite Kundengruppe sind die Mitarbeiter, die die Dienstleistung produzieren.

Die dritte Kundengruppe ist das relevante Unternehmensumfeld, damit sind z. B. die Angehörigen, die Sozialleistungsträger, die Versicherungen und die Geschäftspartner gemeint.

Alle diese Kunden sind kritisch. Sie vergleichen und wählen aus und dies vermehrt auch bei sozialen Angeboten. Zugleich sind die Kunden in den Dienstleistungsprozess involviert. Sie können die Qualität einer Dienstleistung beeinflussen (vgl. Hekking in Schubert/Zink, 1997, 207ff).

In der Literatur wird oft zwischen externen und internen Kunden unterschieden. Die externen Kunden sind die erste und dritte Kundengruppe, kurzgefasst also die Empfänger der Dienstleistung und die Kostenträger. Die internen Kunden können die Mitarbeiter, Vorstände und Leiter einer Einrichtung sein.

3.3 Was ist Qualität für den Kunden?

Gemäß der Definition von Qualität nach *Blümkes* (vgl. 3.1) ist vereinfacht ausgedrückt Qualität das, was der Kunde wünscht. Doch können in der Sozialen Arbeit, wie bereits erwähnt, nicht immer die Wünsche der Kunden erfüllt werden bzw. die Erwartungen der jeweiligen Kundengruppen sind mitunter sehr unterschiedlich. Ein Hilfesuchender wünscht nicht immer das Beste für sich selbst, z. B. verhaltensgestörte Jugendliche oder Drogenabhängige. Ferner muss sich an den anderen Kunden sozialer Arbeit orientiert werden, insbesondere den Kostenträgern sowie den übrigen Beteiligten.

In der Sozialen Arbeit kann eine Orientierung an den Interessen und Wünschen des Kunden jedoch nicht derart erfolgen, dass pädagogische Prinzipien oder ethische und gesellschaftliche Normen keine Bedeutung haben (vgl. Hekking in Schubert/Zink, 1997, 209).

4. INSTRUMENTE UND METHODEN

4.1 Qualitätssicherung

Qualitätssicherung umfasst alle Aktivitäten, die darauf abzielen die Qualitätsanforderungen zu erfüllen. Dies beinhaltet auch Maßnahmen, die dem Erreichen und Überprüfen der Qualitätsanforderungen dienen. Anschaulich bedeutet dies, dass Qualitätskriterien bestimmt und Indikatoren als Messgrößen festgelegt werden, so dass eine regelmäßige Überprüfung möglich ist (vgl. Spiess, 1999, 12).

Abbildung 3: Qualitätssicherung

(vgl. Spiess, 1999, 12)

Geeignete Maßnahmen zur Qualitätssicherung sind z. B. die Dokumentation von Prozessen, Verfahrensanweisungen, Checklisten und Stellenbeschreibungen, die im Rahmen der DIN EN ISO 9000ff Bestandteil des Qualitätshandbuches werden können.

4.2 Qualitätsentwicklung

Charakteristisch für die Qualitätsentwicklung ist die Orientierung an einem immer anzustrebenden Maximum. Es geht um einen dauerhaften Verbesserungsprozess, welcher dynamisch, offen und nach vorne gerichtet ist.

„Regelmäßig werden die notwendigen Informationen beschafft und aufgearbeitet, um Stärken, Schwächen und Potenziale festzulegen, um sich eine auf Fakten begründete Meinung zu bilden und um Maßnahmen zur Verbesserung treffen zu können" (Spiess, 1999, 12).

Abbildung 4: Qualitätsentwicklung

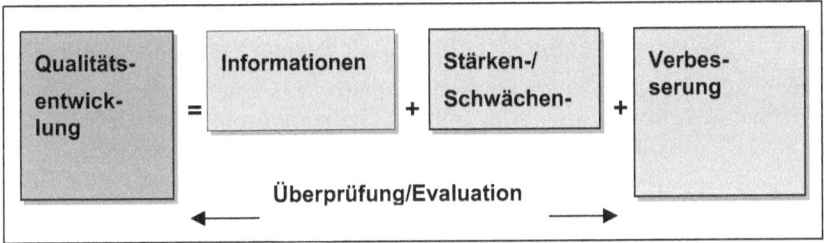

(vgl. Spiess, 1999, 12)

4.3 Qualitätsmanagement

In DIN EN ISO 8402 wird Qualitätsmanagement definiert als "alle Tätigkeiten der Gesamtführungsaufgabe, welche die Qualitätspolitik, Ziele und Verantwortungen festlegen sowie diese durch Mittel wie Qualitätsplanung, Qualitätslenkung, Qualitätssicherung und Qualitätsverbesserung im Rahmen des Qualitätsmanagementsystems verwirklichen" (Gumpp/ Wallisch, 1996, 23).

Die Verantwortung für das Qualitätsmanagement liegt bei der Leitung, jedoch reicht Qualitätsmanagement von ganz oben bis ganz nach unten. Es ist eine Aufgabe aller Mitarbeiter einer Organisation (vgl. Schubert/Zink, 1997, 240).

4.4 Qualitätsmanagementsystem

Ein Qualitätsmanagementsystem ist das Einführen und Einhalten betriebsinterner Organisations- und Ablaufstrukturen, mit denen die Prozesse des Planens und des Erstellens von Dienstleistungen, die Ergebnisse und Auswirkungen der Dienstleistung sowie die organisatorischen Rahmenbedingungen in einer Einrichtung systematisch gestaltet und ausgewertet werden (vgl. Schubert/Zink, 1997, 240).

Im Qualitätsmanagementsystem haben die Definition von Zielen und die Festlegung von Verantwortlichkeiten eine wichtige Rolle, denn das Qualitätsmanagementsystem beinhaltet die Organisationsstruktur, die Verfahren, die Verantwortlichkeiten, die Prozesse und die erforderlichen Mittel für die Verwirklichung des Qualitätsmanagements (vgl. Brakhahn/Vogt, 1996, 30).

4.5 Qualitätspolitik

Nach der DIN EN ISO 8402 umfasst die Qualitätspolitik die durch die oberste Leitung formell ausgedrückten umfassenden Absichten und Zielsetzungen einer Organisation bezüglich der Qualität (vgl. Köhler, 1995, 9).

Eine gute Qualitätspolitik sollte beinhalten, was Qualität für das Unternehmen ist, warum Qualität wichtig ist, die Verantwortlichkeiten für Qualität sowie die Qualitätsziele des Unternehmens (vgl. DGQ, 1990, 38).

4.6 Qualitätszirkel

Ein Qualitätszirkel besteht aus einer kleinen Gruppe von Mitarbeitern (etwa 5-12 Personen), möglichst aus verschiedenen Abteilungen. Die Mitarbeit im Qualitätszirkel ist freiwillig. Die Treffen finden regelmäßig, in der Regel wöchentlich, während der Arbeitszeit statt. Qualitätszirkel haben die Aufgabe, selbst ausgewählte, arbeitsbezogene Schwachstellen oder Problembereiche zu thematisieren und Lösungsvorschläge zu erarbeiten (vgl. Kamiske/Brauer, 1999, 240).

4.7 Qualitätsbeauftragter (QM-Promoter, TQM-Koordinator)

Der Qualitätsbeauftragte, QM-Promoter, TQM-Koordinator ist ein Mitarbeiter, der direkt der Unternehmensleitung unterstellt ist. Er ist der Mittler zwischen Leitung und Mitarbeitern. Einige Aufgaben des Qualitätsbeauftragten sind

- Veranstaltung von Einführungsseminaren für alle Führungskräfte und alle Mitarbeiter,
- Beratung der Führungskräfte in Fragen des jeweiligen Qualitätskonzeptes,
- Erkennen und Aufzeigen von Schwachstellen im Qualitätsprozess,
- Organisation von Weiterbildung usw.

(vgl. Frehr in Masing, 1994, 41 und DGQ, 1990, 93).

4.8 Qualitätsstandards

Merkmale von Qualität, die für die Arbeit einer Einrichtung verbindlich gemacht werden sind Qualitätsstandards (vgl. Schubert/Zink, 1997, 241).

Qualitätsstandards, auch Qualitätskriterien genannt, dienen als Messinstrument. Standards erleichtern zu prüfen, zu messen oder abzuschätzen wie gut eine Organisation ist.

4.9 Qualitätsaudit

Entsprechend der DIN EN ISO 8402 beinhaltet ein Qualitätsaudit eine systematische und unabhängige Untersuchung, um festzustellen, ob die qualitätsbezogenen Tätigkeiten und die damit zusammenhängenden Ergebnisse den geplanten Anordnungen entsprechen und ob diese Anordnungen wirkungsvoll verwirklicht werden sowie, ob sie geeignet sind, die Ziele zu erreichen (vgl. Köhler, 1995, 9).

Es wird unterschieden zwischen internen und externen Qualitätsaudits.

Interne Audits können vom QM-Beauftragten iniziiert werden und dienen der Aufdeckung und Behebung von Problemen sowie zum Nachweis der Qualität. Interne Überprüfungen können z. B. Selbstevaluation, Mitarbeiterbeurteilungen/-gespräche, gegenseitige Kontrolle (Vier-Augen-Prinzip) u. ä. sein.

Externe Audits werden hingegen von unabhängigen Institutionen oder Aufsichtsbehörden durchgeführt.

4.10 Evaluation

Evaluation besagt Auswertung, Bewertung und damit zugleich Wirkungs- und Erfolgskontrolle von Verfahren, Programmen oder Maßnahmen. Eine Evaluation kann als Hilfe bei der Entscheidungsfindung unterstützen. Sie liefert z. B. Daten und Informationen, um eine Beurteilung von Programmen und Projekten zu ermöglichen (Heiner in Heiner, 1996, 20).

In der Qualitätsentwicklung nimmt die Selbstevaluation einen hohen Stellenwert ein. **Selbstevaluation** bedeutet, dass mittels geeigneter Methoden das eigene Handeln oder einrichtungsinterne Abläufe überprüft werden. Die von Fachkräften selbst initiierte Selbstevaluation kann sich auf die eigene Person, das Team oder die Klienten beziehen(vgl. Irskens/Vogt, 2000, 183).

Die **Fremdevaluation** wird von externen Personen oder Institutionen durchgeführt. Im Mittelpunkt dieser Evaluation steht die Wahrnehmung von Personen, Prozessen und Strukturen durch Unbeteiligte (vgl. ebd., 183).

4.11 Benchmarking

Benchmarking bedeutet der Vergleich mit ähnlichen Einrichtungen. Verglichen werden die Leistungen (vor allem die Prozesse) zweier Unternehmen mit dem Ziel, aus der Gegenüberstellung zu lernen, wirkungsvolle Praktiken und Methoden herauszufinden und die Leistungsfähigkeit der eigenen Organisation zu steigern (vgl. CQA, 1998, 55).

4.12 Controlling

Controlling stammt von dem englischen „to control". Control heißt steuern, regeln und auch kontrollieren. Doch Controlling ist mehr als Kontrolle (vgl. Blazek in Hauser/Neubarth/Obermair, 456).

Im Gegensatz zur Kontrolle ist Controlling zukunftsorientiert, will einen kontinuierlichen Ist-Soll-Vergleich. Controlling ist ein strategisches Instrument zur Planung, Koordination, Unterstützung und Überprüfung von Prozessen und Ergebnissen (vgl. Irskens/Vogt, 2000, 183).

Festgestellte Abweichungen helfen korrektive Maßnahmen einzuleiten, um wieder auf den geplanten Kurs zu kommen (vgl. Blazek in Hauser/Neubarth/Obermair, 460).

4.13 Zertifizierung

Die Zertifizierung ist ein Vorgang, indem ein Unternehmen den Nachweis der Wirksamkeit und Funktionsfähigkeit eines Qualitätsmanagementsystems erbringt. Der Beweis wird durch ein externes Audit erbracht, welches von einer neutralen Zertifizierungsstelle durchgeführt werden muss. Die Zertifizierungsstelle auditiert das Qualitätsmanagementsystem einer Organisation auf deren Auftrag hin und vergibt bei Erfüllung der Anforderungen gemäß den zertifizierungsfähigen Normen DIN EN ISO 9000ff ein entsprechendes Zertifikat (vgl. Kamiske/Bauer, 1999, 360).

5. QUALITÄTSKONZEPTE

5.1 Donabedian

Das dienstleistungsbezogene Qualitätsmodell von *Donabedian* stammt aus der medizinischen Versorgung. Erstmals unterteilte *Donabedian* 1966 die Qualität der Serviceleistung in ‚structure – process – outcome'.

Abbildung 5: Das Donabedian-Qualitätsmodell

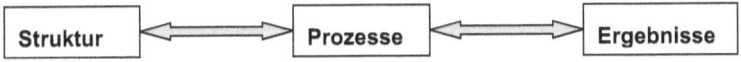

Auf der Grundlage der Trichotomie von Struktur-, Prozess- und Ergebnisqualität wurden weiterführende Qualitätsmodelle entwickelt. Das Modell *Donabedians* hat somit vorwiegend historische Bedeutung, denn es zeigt erstmals auf, dass die Qualität von Dienstleistungen nicht nur vom Ergebnis abhängig ist, sondern gleichfalls von dem Prozess und der Struktur (vgl. Haller, 1998, 72-73).

Die Qualitätsdimensionen nach *Donabedian* können wie folgt näher erläutert werden:

- **Strukturqualität**
  Das sind die objektiven Rahmenbedingungen, die Ausstattung, die materiellen und personellen Ressourcen usw., z. B. das Personal (Personalschlüssel und Qualifikation), die technische Ausstattung einer Einrichtung.

- **Prozessqualität**
  Sie beinhaltet alle Aktivitäten zwischen Leistungserbringern und Leistungsempfängern und impliziert die Art und Weise wie Leistungen erbracht werden, z. B. Aufnahmeverfahren in einer Einrichtung.

- **Ergebnisqualität**
  Diese Dimension betrifft das Gesamtresultat der Dienstleistung. Sie umfasst den Nutzen des Kunden und die Veränderung des Leistungsempfängers, z. B. Gesundheitszustand, Veränderung im Verhalten, Wohlbefinden

(vgl. Wetzler in Heiner, 1996, 109).

Donabedian geht von einem kausalen Zusammenhang zwischen den drei Qualitätsdimensionen aus. Eine Verbesserung der Strukturqualität wirkt sich positiv auf die Prozessqualität aus, woraus sich ebenfalls eine Verbesserung der Ergebnisqualität ergibt (vgl. Institut für Technologie und Arbeit, Verband Kath. Einrichtungen und Dienste für Lern- und geistigbehinderte Menschen e. V., 1998, 31).

Kurz gesagt können durch die Einbindung aller Mitarbeiter in einen kontinuierlichen Verbesserungsprozess bessere Ergebnisse erzielt werden.

Die Definition der Qualitätsdimensionen nach *Donabedian* sind produktbezogen und kundenorientiert. Hierfür ein Beispiel: Eine junge, schwangere Frau kommt in eine Familienberatungsstelle und hofft auf eine erfolgreiche Lösung ihres Problems (Ergebnisqualität). Sie möchte freundlich aber auch respektvoll behandelt werden (Prozessqualität). Gleichzeitig wünscht sie sich Bedingungen, die akzeptabel und freundlich sind, wie z. B. keine lange Wartezeit in einem kalten Zimmer (Strukturqualität) (vgl. Heiner in Heiner, 1996, 29-30).

Dieses dienstleistungsbezogene Qualitätsmodell von *Donabedian* ist für die in Kapitel sechs folgenden Modelle die Grundannahme oder auch der Grundstein, auf den aufgebaut wird.

5.2 Total Quality Management (TQM)

„Total Quality Management" ist ein aus Japan stammendes Konzept. Ursprünge des Konzeptes gehen auf *Feigenbaum* zurück, der seine Gedanken Ende der 50er Jahre in seinem Buch ‚Total Quality Control' niederschrieb. Das Werk wurde von den Japanern übersetzt und durch die Einbringung der eigenen Erfahrungen und Ideen verändert (vgl. Oess, 1993, 141).

Bei der näheren Beschäftigung mit TQM stellt sich heraus, dass darin keine revolutionären oder bisher unbekannten Elemente enthalten sind. Vielmehr handelt es sich um die systematische und konsequente Anwendung einiger Methoden innerhalb einer auf Qualität und Kundenzufriedenheit ausgerichteten Unternehmenskultur (vgl. Frehr in Masing, 1994, 31).

Die Konzeption von *Donabedian* (vgl. Abb. 5) ist eine wichtige Grundlage, auf der das Total Quality Management aufbaut.

5.2.1 Begriffserläuterung

Was bedeutet Total Quality Management? Übersetzen kann man TQM als umfassendes (totales) Qualitätsmanagement.

Die DIN EN ISO 8402 definiert Total Quality Management wie folgt:

„Eine Führungsmethode einer Organisation, bei welcher Qualität in den Mittelpunkt gestellt wird, welche auf der Mitwirkung aller ihrer Mitglieder beruht und welche auf langfristigen Erfolg durch Zufriedenstellung der Abnehmer und durch Nutzen für die Mitglieder der Organisation und für die Gesellschaft zielt" (Frehr in Masing, 1994, 31).

Die folgende Abbildung zeigt die Grundgedanken des Total Quality Management.

Abbildung 6: Grundgedanken des Total Quality Management

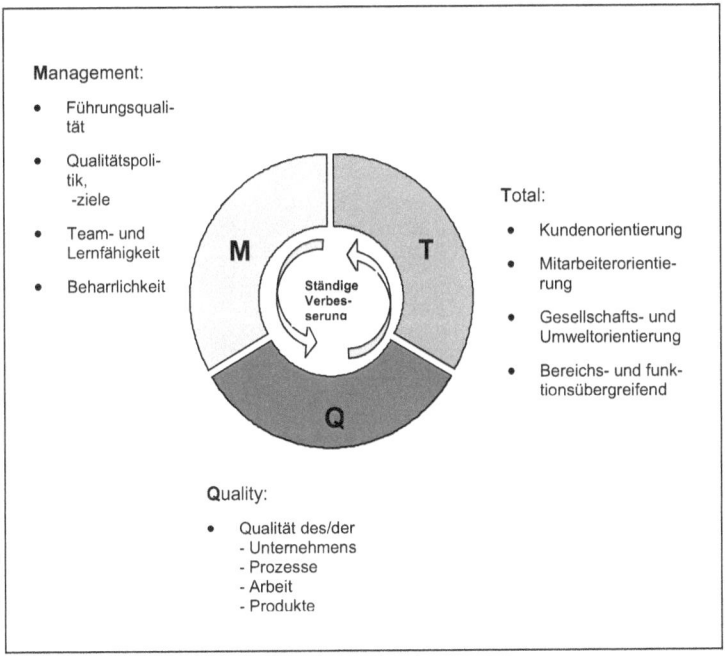

(vgl. Kamiske/Bauer, 1999, 312)

Die drei Wortteile des Begriffs TQM stehen für:

Total (T): Alle Mitglieder eines Unternehmens müssen ohne Ausnahme in die Qualitätsverbesserung einbezogen werden. Dies gilt ausdrücklich auch für Dienstleistungen und Tätigkeiten, nicht nur für materielle Produkte (vgl. Frehr in Masing, 1994, 32).

Quality (Q): Die Qualität der Arbeit, der Prozesse, des Produktes und des gesamten Unternehmens. Basis ist die Zugrundelegung ein und desselben Qualitätsverständnisses, denn Qualität ist an spezifizierte und vorausgesetzte Erfordernisse gebunden (vgl. Frehr in Masing, 1994, 32).

Management (M): Qualität ist Führungsaufgabe. Alle Personen mit Führungs-, Planungs- und Steuerungstätigkeiten wirken auf den Prozess der Qualitätsverbesserung ein. Die Führungskräfte sind zugleich Vorbild und Motor im Qualitätsverbesserungsprozess (vgl. ebd.).

5.2.2 Das TQM-Gebäude

Abbildung 7: Das TQM-Gebäude

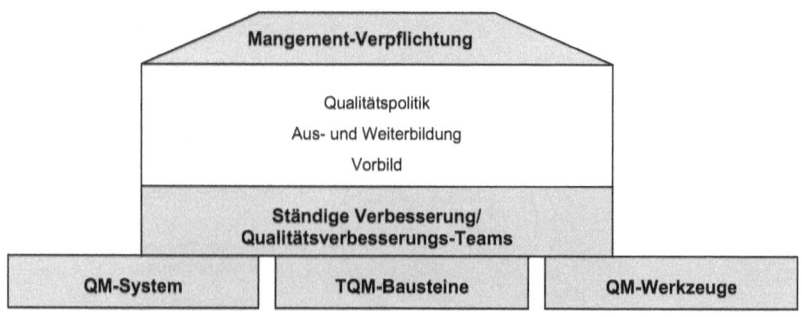

(vgl. Frehr in Masing, 1994, 36)

Das Total Quality Management baut auf vier Elementen auf:

- Managementverpflichtung und Vorbildfunktion
- Qualitätssicherungssystem
- Qualitätswerkzeuge
- TQM-Bausteine

Ein wirkungsvolles TQM wird durch das richtige Zusammenwirken aller vier Elemente in allen Teilen des Unternehmens erzielt.

Wesentliche Aspekte für das Verständnis des TQM-Gebäudes sind:
- Welche Werte und Ziele erreicht werden sollen, muss durch die Unternehmensleitung festgelegt und veröffentlicht werden. Denn, „Wer das Ziel nicht kennt, kann den Weg nicht finden" (Frehr in Masing, 1994, 35).
- Die Unternehmensleitung hat die notwendigen Mittel für Schulungen, Investitionen, Weiterbildung usw. bereitzustellen. Ebenfalls ist die Schaffung der erforderlichen personellen Voraussetzungen (ggf. Verschiebung von Kapazitäten) nötig.
- TQM kann ohne Änderung der Unternehmensorganisation durchgeführt werden. Jedoch ist es empfehlenswert eine TQM-Steuerungsgruppe zu gründen. Diese Gruppe, die sich aus Mitgliedern der Unternehmungsleitung zusammensetzt, hat die Aufgaben den TQM-Prozess zu steuern sowie fördernd zu begleiten.
- Die Unternehmensleitung ist zwar für TQM verantwortlich, jedoch heißt dies nicht, dass sie die vielen Detailaufgaben des TQM selbst erledigen muss. Diese Aufgaben werden einem Mitarbeiter, der ganz oder teilweise freigestellt wird, übertragen. Ihn nennt man TQM-Beauftragten bzw. TQM-Promotor

(vgl. Frehr in Masing, 1994, 35ff).

5.2.3 Die TQM-Bausteine

Die Bausteine des TQM sind im wesentlichen:
- Führen mit Zielen
- Kundenorientierung
- Interne und externe Kunden-Lieferantenbeziehungen
- Null-Fehler-Programme
- Arbeiten in Prozessen
- Kontinuierliche Verbesserungen (Kaizen)
- Einbezug aller Mitarbeiter
- Kontinuierliche Schulung und Weiterbildung
- Regelmäßige Audits

(vgl. Frehr in Masing, 1994, 38)

Im folgenden Teil werden die einzelnen TQM-Bausteine erläutert.

Führen mit Zielen

„Führen mit Zielen" ist eine Führungsmethode, die für alle Bereiche eines Unternehmens individuelle Leistungsziele definiert. Die Ziele müssen hoch aber realistisch, messbar, terminierbar und aktuell sein. Aufgabe der Führungskräfte ist es, mittels systematischer Zielvereinbarungen die Erreichung der Unternehmensziele sicherzustellen (vgl. CQA, 19ff).

Führen heißt Vorleben und Führungskräfte sind Vorbild. In ihrem Verhalten müssen sich deshalb die strategischen Zielsetzungen des Unternehmens wiederspiegeln (vgl. DGQ, 1990, 58).

Kundenorientierung

Die Orientierung an den Interessen der Kunden ist ein zentraler Punkt im TQM. Jeder Mitarbeiter muss sich um die Zufriedenheit der Kunden bemühen. Was die Kunden interessiert und wie zufrieden dieselben sind, kann insbesondere durch Kundenumfragen und/oder ein entsprechendes Reklamationsmanagement herausgefunden werden. Die Kundenumfragen können telefonisch, persönlich oder schriftlich erfolgen. Sie sollten in regelmäßigen Zeitabständen durchgeführt werden.

Das Reklamationsmanagement kann in die Komponenten Annahme, Abwicklung, Überwachung und Auswertung von Beanstandungen zerlegt werden. Bedeutsam ist, wie mit Reklamationen umgegangen wird und dass Reklamationen als Chancen für Verbesserung angesehen werden (vgl. CQA, 22ff).

Interne und externe Kunden-Lieferantenbeziehung

Alle Tätigkeiten sind Prozesse, an deren Ende ein Ergebnis, ein Produkt steht. Dieses Produkt kann tangibel (z. B. Gegenstände, Geräte) aber auch intangibel
(z. B. Informationen, Mitteilungen, Listen) sein. Der Empfänger dieses Produktes ist der ‚Kunde'. Zu jeder Tätigkeit sind Zulieferungen erforderlich, die von einem ‚Lieferanten' kommen. Vom Auslieferer wird erwartet, dass er seine Arbeit so organisiert und ausführt, dass der Empfänger (interner Kunde) zufrieden ist. Viele Kunden-Lieferantenbeziehungen verlaufen in beide Richtungen. Jeder Mitarbeiter ist zugleich interner Kunde und Lieferant eines anderen Mitarbeiters. Die internen Kunden-Lieferantenbeziehungen sind die Basis für betriebsinterne Verbesserungen von Leistungen und Abläufen. Nur wenn alle internen Kunden-Lieferantenbeziehungen definiert sind und ernstgenommen werden, wird der gewünschte Erfolg erreicht werden können (vgl. CQA, 1998, 48ff).

Abbildung 8: Die Kunden-Lieferanten-Beziehung

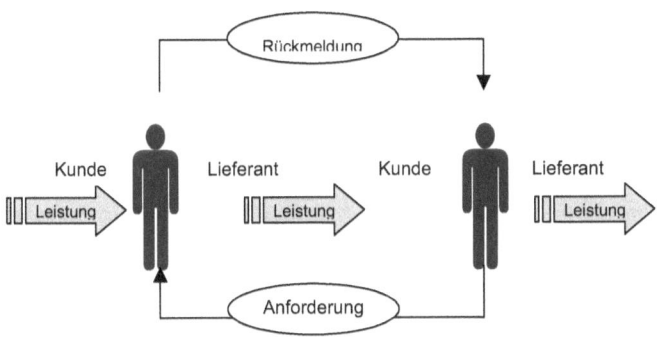

(vgl. DGQ, 1990, 43)

Null-Fehler-Programme

Fehler sind Chancen, sich zu verbessern. Die Verminderung von Fehlern zählt neben der Steigerung der Kundenzufriedenheit zu den großen Zielen des TQM.

Das Null-Fehler-Programm ist ein systematisches Verfahren, welches sich aus mehren Komponenten zusammensetzt:

- Voraussetzungen für perfekte Arbeit schaffen,
- Einsatz von Verfahren zur Fehlervermeidung und langfristigen Fehlerbeseitigung,
- besonders gute Arbeitsergebnisse analysieren,
- Lokalisierung der Fehler

(vgl. CQA, 1998, 51ff).

Arbeiten in Prozessen

Einen Prozess kann man als eine logische Abfolge von Aktivitäten zur Erreichung eines bestimmten Zieles definieren. Sind die einzelnen Prozesse optimal gestaltet, so kann die Optimierung des Gesamtprozesses erzielt werden. Im TQM geht es um die Verbesserung der Ergebnisse. Eine Voraussetzung, um dies zu erreichen ist zunächst die Verbesserung der Arbeitsprozesse (vgl. Oess, 1993, 114).

Kontinuierliche Verbesserungen (Kaizen)

‚Kaizen' bezeichnet ein japanisches Konzept. Es beinhaltet das Streben nach kontinuierlicher, unendlicher Verbesserung unter Einbeziehung aller Mitarbeiter von der Basis bis zum Top Management (vgl. Oess, 1993, 108).

Im Sinne von TQM bedeutet „kaizen", dass alle Aktivitäten im Unternehmen zu einer Steigerung der Kundenzufriedenheit führen sollen.

Einbezug aller Mitarbeiter

TQM erfordert den Einbezug aller Mitarbeiter des Unternehmens, denn die Mitarbeiter setzen TQM in der täglichen Arbeit um. Sie stehen daher im Mittelpunkt der Bemühungen um TQM (vgl. Frehr in Masing, 1994, 39).

Kontinuierliche Schulung und Weiterbildung

Die Aus- und Weiterbildung sind notwendige Mittel, die die Voraussetzungen für erfolgreiches, fehlerfreies Arbeiten im Sinne von TQM schaffen. Vor allem in der Einführungsphase sind hierfür beträchtliche Aufwendungen notwendig (vgl. Frehr in Masing, 1994, 36).

Regelmäßige Audits

Aus zwei Gründen sollten regelmäßig Audits des TQM-Systems durchgeführt werden. Erstens um zu verhindern, dass die Aktivitäten im Laufe der Zeit erlahmen und zweitens als Kennzeichen/Zertifikat, welches nach außen dem Kunden die Qualität des Unternehmens/der Leistungen bestätigt.

5.2.4 Schwierigkeiten des Total-Quality-Management

Zahlreiche Projekte zur Einführung des TQM scheiterten in der Vergangenheit. Folgende Aspekte können Ursachen für ein Misslingen von TQM sein:

- geringes Engagement des Management,
- unklare TQM-Ziele,
- Auffassung, dass TQM durch Qualitätszirkel abgedeckt wird,
- Unklarheiten über die Reichweite von TQM,
- Mangel eines klaren Konzeptes,
- falsches Selbstverständnis des Steuerungsgremiums,
- irreale Zeitvorstellungen,
- passive Reaktion der Mitarbeiter usw.

  (vgl. Oess, 1993, 120-123).

5.2.5 Fazit

TQM ist kein Buch mit fertigen Rezepten zum Erfolg. TQM ist vielmehr eine Methode zur Qualitätsentwicklung. Instrumente und Bausteine des TQM sind Mittel zur Erreichung des Zieles. TQM kann als ein umfangreicher dynamischer Prozess angesehen werden, der von vielen Faktoren abhängig ist und gestaltet werden muss. TQM ist eine umfassende Management-Philosophie, die nur dann erfolgreich sein kann, wenn sie modellhaft vorgelebt wird.

Nach übereinstimmender Meinung wichtiger Experten ist der Erfolg von TQM an folgende fünf Bedingungen geknüpft:

- die Leitung eines Unternehmens muss voll hinter TQM stehen,
- alle Verbesserungen müssen sich am Nutzen des Kunden orientieren,
- Konzentration auf drei bis vier kritische Ziele,
- Entwicklung und Anwendung eines eigenen Konzeptes (nicht Verwendung von Standardprogrammen) und
- Revision des eingeschlagenen Weges

(vgl. Oess in Stauss, 1994, 220).

6. MODELLE

6.1 Die Grundlagen des EFQM-Modell für Excellence

Im Jahr 1988 gründeten vierzehn führende europäische Unternehmen die gemeinnützige Organisation „European Foundation for Quality Management (EFQM)". Ihr Auftrag ist es, die treibende Kraft für nachhaltige Excellence (Spitzenleistung) in Europa zu sein. Das Ziel ist eine Welt, in der europäische Organisationen eine exzellente Stellung einnehmen.

Im Januar 2001 waren über 800 europäische Organisationen unterschiedlicher Tätigkeitsbereiche als Mitglieder zu verzeichnen (vgl. EFQM, 2001, Excellence einführen, 3).

Die Gründung der EFQM ist darauf zurückzuführen, dass zu Beginn der 90er Jahre die Erfolge bei der Anwendung des „Malcom Baldrige National Quality Awards (MBNQA)" auch in Europa wahrgenommen wurden. Europäische Spitzenunternehmen hielten es für erforderlich, im Konkurrenzkampf der Weltmärkte ein eigenes Programm zur Erhöhung der eigenen Wettbewerbsfähigkeit zu entwickeln. Als Gegenstück zum „Malcom Baldrige National Quality Award" schuf man den „European Quality Award (EQA)". Da man bei der Schaffung des EQA auf Erfahrungen der beiden anderen Preise, dem MBNQA und den Deming Application Prize, zurückgreifen konnte, ist der EQA der fortschrittlichste der drei Preise (vgl. http://www.deming.de/efqm/modellgrund-1.html).

Die European Foundation für Quality Management verleiht den EQA (erstmals 1992) an Unternehmen, die bei der innerbetrieblichen Umsetzung von TQM Hervorragendes geleistet haben und als Vorbild andere Unternehmen für die Umsetzung umfassender Qualitätskonzepte anregen können (vgl. Zink inSchubert/Zink, 1997, 92).

Die zunehmende Akzeptanz und Verbreitung des EQA in Europa führte schließlich zur Vergabe eines nationalen Qualitätspreises in Deutschland, dem Ludwig Erhard Preis, eine Auszeichnung für Spitzenleistungen im Wettbewerb (vgl. http://www.deming.de/efqm/modellgrund-1.html).

Das Hauptkonzept der EFQM ist das EFQM-Modell für Excellence, welches 1991 zur Unterstützung der Organisationen bei der Verbesserung ihrer Leistungen herausgegeben wurde. Viele Organisationen in und außerhalb Europas arbeiten inzwischen nach diesem Modell. Es sind z. B. Unternehmen, Schulen, Gesundheitsorganisationen, Versorgungseinrichtungen, Verwaltungen des öffentlichen Dienstes und soziale Einrichtungen zu nennen (vgl. EFQM, 2000, Die acht Eckpfeiler der Excellence, 11).

Das Modell ist niemals statisch und wird ständig verbessert. Es wird dem Wandel der Umwelt ständig angepasst, jedoch ist das Grundmodell seit der Gründung unverändert geblieben, ein Beweis für Kontinuität in der Grundhaltung.

Das Grundmodell basiert auf den drei fundamentalen Säulen von Total Quality Management, der gleichzeitigen Betrachtung von Menschen, Prozessen und Ergebnissen. Nur die Einbindung aller Mitarbeiter (Menschen) in einen kontinuierlichen Verbesserungsprozess ermöglicht es, bessere Ergebnisse zu erzielen (vgl. http:// www.deming.de/efqm/modellgrund-1.html).

6.1.1 Die Grundkonzepte der Excellence

„Excellence ist in diesem Zusammenhang definiert als überragende Vorgehensweise beim Managen einer Organisation und Erzielen ihrer Ergebnisse auf der Basis von acht Grundkonzepten" (vgl. EFQM, 2000, Die acht Eckpfeiler der Excellence, 4).

Grundsätzlich gestattet das EFQM-Modell durch seine offene Grundstruktur viele Vorgehensweisen, um nachhaltige Excellence zu erzielen. Acht Eckpfeiler dienen als Grundgerüst, auf denen aufgebaut werden kann.

Abbildung 9: Die Grundkonzepte der Excellence

- Ergebnisorientierung
- Verantwortung gegenüber der Öffentlichkeit
- Kundenorientierung
- Aufbau von Partnerschaften
- Führung und Zielkonsequenz
- Kontinuierliches Lernen, Innovation und Verbesserung
- Management mit Prozessen und Fakten
- Mitarbeiterentwicklung und -beteiligung

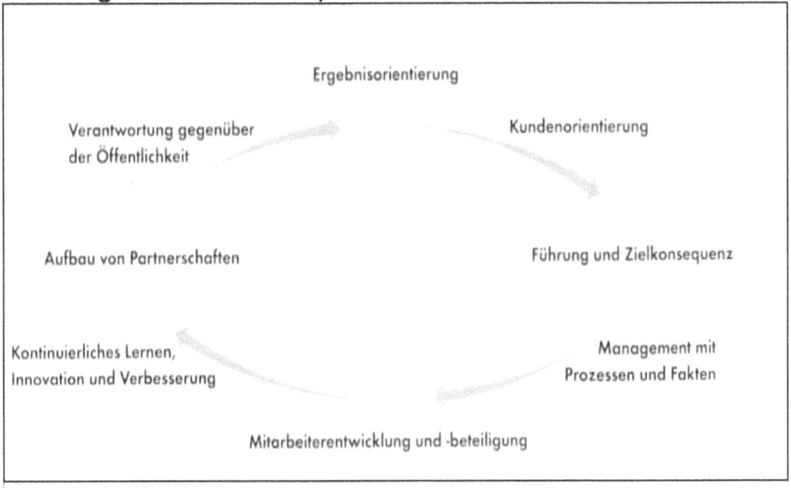

(Quelle: EFQM, 2000, Die acht Eckpfeiler der Excellence, 5)

Ergebnisorientierung

Das Ergebnis ist von den Ansprüchen aller relevanten Interessengruppen (u. Mitarbeiter, Kunden, Lieferanten) abhängig.

Kundenorientierung

Die Meinung der Kunden entscheidet letztendlich über die Qualität des Produktes, der Dienstleistung.

Führung und Zielkonsequenz

Das Verhalten der Führungskräfte eines Unternehmens schafft die Bedingungen für überragende Leistungen der Mitarbeiter.

Management mit Prozessen und Fakten

Die Effizienz einer Organisation ist höher, wenn Aktivitäten verknüpft und systematisch gemanagt werden. Entscheidungen über aktuelle Arbeitsweisen und geplante Verbesserungen sollten aufgrund zuverlässiger Informationen getroffen werden. Dabei sollten die Interessen der Kunden, Lieferanten und Mitarbeiter Berücksichtigung finden.

Mitarbeiterentwicklung und –beteiligung

Die volle Leistungsfähigkeit der Mitarbeiter kann sich am besten unter gemeinsamen Werten und einer Kultur des Vertrauens, in der eigenverantwortliches Handeln möglich ist und in der Mitarbeiter zur Beteiligung ermutigt werden, entfalten.

Kontinuierliches Lernen, Innovation und Verbesserung

Wissenstransfer, Weiterbildung, Erneuerung und Verbesserung steigern die Leistung einer Organisation.

Aufbau von Partnerschaften

Beständige Geschäftsbeziehungen, aufbauend auf Vertrauen, Wissenstransfer und Integration, steigern die Leistung für beide Seiten der Partnerschaft.

Verantwortung gegenüber der Öffentlichkeit

Ein ethisch einwandfreies Vorgehen, das die Erwartungen und Normen der Gesellschaft übertrifft, steigert die Glaubwürdigkeit sowie Wertschätzung der Organisation und schafft Ansehen, Sicherheit und Vertrauen in der Öffentlichkeit

(vgl. EFQM, 2000, Die acht Eckpfeiler der Excellence, 6ff).

6.1.2 Das Modell ‚EFQM für Excellence'

Abbildung 10: Das EFQM-Modell für Excellence

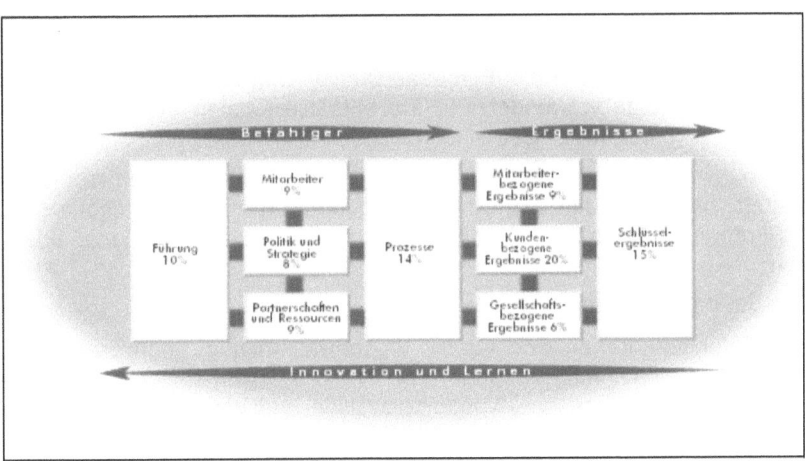

(Quelle: EFQM, 2001, Excellence einführen, 5)

Das EFQM Modell für Excellence hat eine offen gehaltene Grundstruktur. Es besteht aus insgesamt neun Kriterien, die in zwei Gruppen eingeteilt sind und zwar fünf ‚Befähiger'-Kriterien und vier ‚Ergebnis'-Kriterien. Wie eine Organisation vorgeht und was sie macht, behandeln die ‚Befähiger'-Kriterien. Was eine Organisation erzielt, erfassen die ‚Ergebnis'-Kriterien.

Die Pfeile heben die Dynamik des Modells hervor. Die Ergebnisse unterliegen dem Einfluss der Befähiger. Innovation und Lernen verbessern die Befähiger, was wiederum zur Verbesserung der Ergebnisse führt.

Das Modell beruht auf der Prämisse, dass exzellente Ergebnisse im Hinblick auf Leistung, Kunden, Mitarbeiter und Gesellschaft durch eine Führung erzielt werden, die Politik und Strategie, Mitarbeiter, Partnerschaften, Ressourcen und Prozesse auf ein hohes Niveau hebt (vgl. EFQM, 2000, Das EFQM-Modell für Excellence, 8).

6.1.2.1 Die Kriterien des Modells

Die einzelnen Kriterien haben einen relativen Anteil am Gesamtmodell. Dieser ist anhand von Prozentzahlen in den einzelnen Kriterienkästchen dargestellt. 50% des Modells können als Befähigerkriterien zusammengefasst werden und die anderen 50% als Ergebniskriterien.

Bei der Bewerbung um den European Quality Award (EQA) werden dieselben Prozentsätze verwendet. Die Prozentsätze können ebenso im Rahmen der Selbstbewertung einer Organisation als Anhaltspunkt dienen.

Im folgenden werden die Kriterien des Modells von links nach rechts erläutert, beginnend mit den fünf Befähigerkriterien. Jeder Kategorie sind Teilkriterien zugeordnet, die die Bedeutung des Kriteriums näher erläutern.

Die Befähigerkriterien

Die Befähigerkriterien sind für die Ergebnisse wichtig, denn Ergebnisse liefern immer nur Informationen über die Vergangenheit. Erst durch die Beachtung von Prozessen, Vorgehensweisen und Vorgängen können Informationen für die Zukunft erarbeitet werden.

KRITERIUM 1: FÜHRUNG

Diese Kategorie beinhaltet, wie die Führung ihre Ziele vermittelt und fördert, wie sie an den Werten arbeitet, wie sie durch Maßnahmen und Verhaltensweisen sowie persönliches Mitwirken dafür sorgt, dass das Managementsystem der Organisation eingeführt und entwickelt wird.

Teilkriterien sind, dass Führungskräfte

- Vorstellungen erarbeiten und als Vorbilder agieren,
- persönlich mitwirken und dadurch für die Entwicklung und Verbesserung des Managementsystems der Organisation sorgen,
- sich um Kunden, Partner und Vertreter der Gesellschaft bemühen,
- die Mitarbeiter motivieren und unterstützen sowie Leistungen anerkennen

(vgl. EFQM, 2000, Das EFQM-Modell für Excellence, 12-13).

KRITERIUM 2: POLITIK UND STRATEGIE

Das Kriterium umfasst, wie die Organisation ihre Ziele durch eine klare Strategie einführt und wie sie diese durch ihre Politik, Pläne, Teilziele und Prozesse unterstützt.

Teilkriterien sind, dass Politik und Strategie

- auf gegenwärtigen und zukünftigen Bedürfnissen sowie Erwartungen der Kunden beruhen,
- auf Informationen aus Leistungsmessung, Marktforschung sowie den lernorientierten und kreativen Aktivitäten beruhen,
- überprüft und aktualisiert werden,
- kommuniziert und eingeführt werden

(vgl. EFQM, 2000, Das EFQM-Modell für Excellence, 14-15).

KRITERIUM 3: MITARBEITER

Dieses Kriterium schließt ein, wie die Organisation das Wissen und das Potenzial ihrer Mitarbeiter managt, entwickelt und freisetzt. Wie werden Aktivitäten geplant, um ihre Politik und Strategie und die Effektivität ihrer Prozesse zu unterstützen?

Teilkriterien sind, dass Mitarbeiter

- ihr Wissen und ihre Kompetenzen ausbauen und aufrechterhalten; dazu ist es notwendig, vorab die Kompetenzen der Mitarbeiter festzustellen,
- am Prozess beteiligt und zu selbständigem Handeln ermächtigt werden,
- kommunizieren; Kommunikationskanäle sind zu schaffen, sowohl von oben nach unten, als auch von unten nach oben und horizontal,
- Belohnung und Anerkennung erhalten

(vgl. ebd., 16-17).

KRITERIUM 4: PARTNERSCHAFTEN UND RESSOURCEN

Das Kriterium der Partnerschaften und Ressourcen bedeutet, dass die Organisation ihre externen und internen Ressourcen plant und managt, um ihre Politik und Strategie sowie die Effektivität ihrer Prozesse zu unterstützen.

Die Teilkriterien sind, dass

- externe Partnerschaften,
- Finanzen,
- Gebäude, Einrichtungen und Material,
- Technologie,
- Informationen und Wissen

gemanagt werden

(vgl. EFQM, 2000, Das EFQM-Modell für Excellence, 18-19).

KRITERIUM 5: PROZESSE

Das Kriterium Prozesse charakterisiert wie die Organisation ihre Prozesse gestaltet, um ihre Politik und Strategie zu unterstützen und ihre Kunden voll zufrieden zu stellen sowie die Wertschöpfung für diese zu steigern.

Die Teilkriterien sind, dass Prozesse

- systematisch gestaltet und gemanagt werden und
- bei Bedarf verbessert werden.

Und Produkte und Dienstleistungen

- aufgrund der Bedürfnisse und Erwartungen der Kunden entworfen und entwickelt werden

sowie

- Kundenbeziehungen gepflegt und vertieft werden

(vgl. ebd, 20-21).

DIE ERGEBNISKRITERIEN

Die Ergebnisse sind das Hauptziel eines Unternehmens, welche es erreichen möchte. Ergebnisse beeinflussen die Zukunft einer Organisation.

KRITERIUM 6: KUNDENBEZOGENE ERGEBNISSE

Bei dem Kriterium der kundenbezogenen Ergebnisse geht es darum, was eine Organisation in Bezug auf ihre externen Kunden erreicht.

Die Teilkriterien sind

- die Messergebnisse aus Kundensicht (z. B. durch Kundenumfragen, Anerkennung, Beschwerden) und
- die Leistungsindikatoren, d. h. die internen Messergebnisse, die eine Organisation verwendet um die Leistung zu überwachen, zu analysieren, zu verbessern und um vorherzusagen, wie die externen Kunden die Leistung wahrnehmen

(vgl. EFQM, 2000, Das EFQM-Modell für Excellence, 22-23).

KRITERIUM 7: MITARBEITERBEZOGENE ERGEBNISSE

Dieses Kriterium definiert, was eine Organisation in Bezug auf ihre Mitarbeiter erreicht.

Die Teilkriterien sind ähnlich den kundenbezogenen Ergebnissen, nur jetzt auf die Mitarbeiter bezogen.

- Die Messergebnisse aus Mitarbeitersicht sowie
- die Leistungsindikatoren

(vgl. ebd., 24-25).

KRITERIUM 8: GESELLSCHAFTSBEZOGENE ERGEBNISSE

Was eine Organisation in Bezug auf die lokale, nationale und internationale Gesellschaft leistet, impliziert das Kriterium der gesellschaftsbezogenen Ergebnisse.

Die Teilkriterien umfassen

- die Messergebnisse aus Sicht der Gesellschaft und
- die Leistungsindikatoren

(vgl. ebd., 26-27).

KRITERIUM 9: SCHLÜSSELERGEBNISSE

Bei dem Kriterium der Schlüsselergebnisse geht es um die Frage, was die Organisation in Bezug auf ihre geplanten Leistungen erreicht hat.

Die Teilkriterien beinhalten

- die Ergebnisse (finanzielle aber auch nicht finanzielle) der Schlüsselleistungen, die die Organisation geplant hat und
- die Schlüsselleistungsindikatoren, welche operationelle Messergebnisse sind, an denen die erwarteten Ergebnisse der Leistungen überwacht, analysiert, geplant und verbessert werden

(vgl. EFQM, 2000, Das EFQM-Modell für Excellence, 28-29).

6.1.3 Die RADAR-Logik

Das Kernstück des EFQM-Modells für Excellence ist das RADAR-Konzept. Es besteht aus vier Elementen und bedeutet:

Results (Ergebnisse)

Approach (Vorgehen)

Deployment (Umsetzung)

Assessment and Review (Bewertung und Überprüfung)

Gemäß dem logischen RADAR-Konzept soll eine Organisation:

- die Ergebnisse bestimmen, die sie mit ihrem Politik- und Strategieprozess erzielen möchte, die Resultate beinhalten die Leistung der Organisation in finanzieller und operationeller Hinsicht und berücksichtigen die Sicht der Interessengruppen,
- ein Netz von grundlegenden Vorgehensweisen planen und entwickeln, um gegenwärtig sowie zukünftig die geforderten Ergebnisse zu erzielen,
- die Vorgehensweisen sowie deren Umsetzung beobachten und die erzielten Ergebnisse analysieren sowie mit Hilfe lernorientierter Maßnahmen bewerten und überprüfen, bei Bedarf sind Verbesserungen zu identifizieren, zu priorisieren, zu planen und einzuführen

(vgl. EFQM, 2000, Das EFQM-Modell für Excellence, 10).

In der folgenden Abbildung sind die genannten Empfehlungen als Kreislauf dargestellt, der die Auswirkungen der einzelnen Aktivitäten aufeinander verdeutlicht.

Abbildung 11: Das RADAR-Konzept

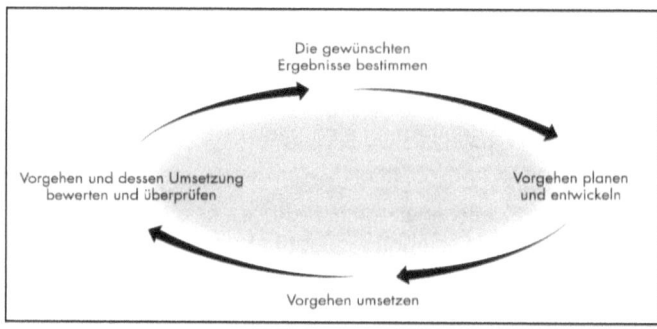

(Quelle: EFQM, 2000, Das EFQM-Modell für Excellence, 10)

6.1.3.1 Beschreibung der Elemente des RADAR-Konzepts

Ergebnisse (Results)

Dieses Element umfasst die Leistung einer Organisation. Eine exzellente Organisation weist über einen längeren Zeitraum hinsichtlich der Ergebnisse positive Trends und/oder gute Leistungen auf. Die gesetzten Ziele werden erreicht oder übertroffen. Im Vergleich mit anderen ist eine gute Leistung ursächlich auf die Vorgehensweise zurückzuführen. Der Umfang der Ergebnisse deckt die relevanten Bereiche ab.

Vorgehen (Approach)

Hier geht es darum, was eine Organisation aus welchen Gründen tut. Eine exzellente Organisation verfügt über ein fundiertes Vorgehen, welches gut definierte und gestaltete Prozesse impliziert. Das Vorgehen wird auf die Bedürfnisse der Interessengruppen ausgerichtet. Es handelt sich dabei um ein integriertes Vorgehen, welches die Politik und Strategie unterstützt und, wenn es zweckmäßig ist, mit anderen Vorgehensweisen verknüpft.

Umsetzung (Deployment)

In diesem Element wird geklärt, was eine Organisation macht, um das Vorgehen umzusetzen. Eine exzellente Organisation führt das Vorgehen in allen relevanten Bereichen auf systematische Art und Weise ein.

Bewertung und Überprüfung (Assessment and Review)

Dieses Element umfasst die Bewertung und Überprüfung der Elemente Vorgehen und Umsetzung. Eine exzellente Organisation misst regelmäßig ihr Vorgehen und dessen Umsetzung. Ebenso finden lernorientierte Prozesse statt. Die Resultate aus beidem werden dazu verwendet, Verbesserungen zu identifizieren, zu priorisieren, zu planen und einzuführen (vgl. EFQM, 2000, Das EFQM-Modell für Excellence, 11).

Zur Durchführung einer Bewertung steht als Hilfsmittel die RADAR-Bewertungsmatrix zur Verfügung. Sie ist die Bewertungsmethode, die bei der Punktbewertung für den Europäischen Qualitätspreis verwendet wird. Die Matrix kann auch von Organisationen eingesetzt werden, die Punktzahlen für ein Benchmarking oder andere Zwecke verwenden wollen.

Jedes der neuen Kriterien wird mit der bereits bekannten Gewichtung (vgl. Prozentangaben im EFQM-Modell für Excellence, Abb. 10) bewertet, um die erreichte Punktzahl zu berechnen. Jedes Teilkriterium hat grundsätzlich die gleiche Gewichtung innerhalb eines Kriteriums. Ausnahmen bilden die Kriterien 6, 7 und 8.

Bei den Kriterien 6 und 7 erhalten Messergebnisse aus Kundensicht/ Mitarbeitersicht 75% der Punkte, während auf das Teilkriterium Leistungsindikatoren 25% entfallen. Bei dem Kriterium gesellschaftsbezogene Ergebnisse hingegen entfallen 25% auf die Messergebnisse aus Sicht der Gesellschaft, während das Teilkriterium Leistungsindikatoren 75% der Punkte erhält (vgl. EFQM, 2000, Das EFQM-Modell für Excellence, 34).

6.1.4 Die Selbstbewertung

Eine Strategie von der EFQM zur Verbesserung der Leistung ist der Selbstbewertungsprozess. Man geht davon aus, dass eine konsequente Selbstbewertung zu effektiverer Arbeit führt, unabhängig von der Größe einer Organisation und unabhängig ihrer Orientierung (privatwirtschaftlich oder öffentlicher Sektor). Die Selbstbewertung ist eine umfassende, systematische und regelmäßige Überprüfung der Ergebnisse und Tätigkeiten einer Organisation (vgl. EFQM, Excellence einführen, 2001, 8).

Die Quintessenz des Selbstbewertungsprozesses liegt darin,

- dass Organisationen ihre Stärken und Verbesserungspotentiale kennen lernen,
- die Fortschritte, die sie auf dem Weg zur Excellence gemacht haben, aufgedeckt werden,
- ein Vergleich mit anderen möglich ist und
- die noch vor ihnen liegende Ziele deutlich werden

(vgl. EFQM, 2001, Excellence einführen, 9).

Wie im einzelnen eine Selbstbewertung aussehen und erfolgen kann, möchte ich hier nicht weiter erläutern, da es den Rahmen der Arbeit sprengen würde. Ich verweise auf die Broschüre der EFQM „ Excellence bewerten, eine praktische Anleitung zur Selbstbewertung", die Methoden und Beispiele für eine Selbstbewertung ausführlich beschreibt.

6.1.5 Vor- und Nachteile des EFQM

Vorteile

- Das EFQM-Modell ist ein ganzheitliches und dennoch leicht verständliches Führungskonzept, welches alle qualitätsbestimmenden Elemente einer Organisation einfach beschreibt. Es zielt also auf umfassende Qualität.
- Mittels der Selbstbewertung können regelmäßig Fortschritte in der Qualitätsentwicklung evaluiert werden.

   (vgl. Neubarth in Hauser/Neubarth/Obermair, 2000, 203)

- Das Modell bewirkt die Entwicklung einer einheitlichen ‚Management-Sprache' sowie dem Benutzen vergleichbarer Werkzeuge. Dies vereinfacht den Austausch bewährter Vorgehensweisen über die verschiedensten Branchen hinweg in ganz Europa (vgl. EFQM, Die acht Eckpfeiler der Excellence, 2000, 11).
- Das EFQM-Modell ist auf alle Bereiche anwendbar. Es zeichnet sich aus durch diese Universalität.

Nachteile

- Der Bekanntheitsgrad des EFQM-Modells ist in Deutschland noch relativ gering.
- Über die anfallenden Kosten gibt es keine Richtwerte.
- Es ist kein internationales Modell. Die Verleihung des EQA ist nur auf Europa beschränkt.

6.1.6 Fazit

Das EFQM-Modell weist durch die Trennung in Gestaltungsfaktoren (Befähiger und Ergebnisse) in starkem Maße auf die für den Erfolg relevanten strategischen Potentiale hin. Ein weiterer spezifischer Schwerpunkt des Modells ist eine explizite Ausrichtung auf finanzielle und nichtfinanzielle Ergebnisse. Es geht nicht um Qualität um der Qualität willen oder wegen eines aktuellen Modetrends, sondern um das Ziel bessere Geschäftsergebnisse zu erreichen (vgl. Zink in Schubert/Zink, 1997, 93-94).

Die folgenden Merkmale sind charakteristisch für das EFQM-Modell

- die Trennung zwischen den Kriterien Befähiger und Ergebnisse, die soll eine Qualitätsförderung sicherstellen sollen, und Ergebnisse, die durch die Qualitätsaktivitäten erreicht werden.
- die Integration der Mitarbeiterorientierung ist nicht nur ein eigener Baustein, sondern wird auch ergebnisorientiert überprüft (Mitarbeiterzufriedenheit) und spielt zugleich im Führungsverhalten eine wesentliche Rolle,
- die Vermeidung von Verschwendung durch optimale Ressourcennutzung und die Beherrschung der Geschäftsprozesse.
- die Integration der Kundenzufriedenheit,
- die gesellschaftliche Verantwortung wird berücksichtigt und das Ansehen, welches das Unternehmen in seinem Umfeld genießt

(vgl. Zink in Schubert/Zink, 1997, 93).

Das EFQM-Modell schafft die Voraussetzungen dafür, dass

- Organisationen ihr eigenes Lerntempo bestimmen können,
- sich mit geringem Aufwand viele Mitarbeiter in den Methoden der kontinuierlichen Verbesserung regelmäßig trainieren,
- Organisationen ohne großen externen Aufwand aus sich heraus lernen können und
- Organisationen sich mit anderen vergleichen können, um auch voneinander zu lernen

(vgl. Neubarth in Hauser/Neubarth/Obermair, 2000, 203).

Nach *Neubarth* ist das EFQM Modell für die Bewertung der Sozialen Arbeit sehr gut nutzbar (vgl. Neubarth in Hauser/Neubarth/Obermair, 2000, 204).

Dem stimme ich gerne zu, da nach meiner Auffassung das EFQM-Modell durch seine Ganzheitlichkeit, u. a. die Berücksichtigung des Ergebnisses als auch der Prozesse, den Ansprüchen und Zielen Sozialer Arbeit gerecht wird bzw. deren Umsetzung unterstützen kann.

Die eben aufgeführten Voraussetzungen, die ein EFQM-Modell schafft, zeigen gut auf, dass es für die Bereiche der Sozialen Arbeit wertvoll sein kann. Vor allem der geringe Aufwand erleichtert auch kleineren Organisationen die Einführung des EFQM-Modells.

6.2 DIN EN ISO 9000ff

6.2.1 Entwicklung

Das Ergebnis eines langen Entwicklungsprozesses, der seinen Ursprung in den 50er Jahren in den USA hatte, ist die DIN EN ISO 9000ff (vgl. Kap. 1.2). Hohe Qualitätsanforderungen im militärischen Bereich führten zu den ersten Regelwerken zur Sicherung der Qualität. Im Laufe der Jahre erschienen eine Vielzahl an firmenspezifischen, branchenspezifischen und branchenübergreifenden Qualitätssicherungsregelwerken (vgl. Brakhahn/Vogt, 1996, 31).

Das British Standards Institut (BSI) hat 1979 eine Norm für Qualitätssysteme herausgegeben, die ursprünglich für die Rüstungsindustrie gedacht war. Um die Wettbewerbsfähigkeit ihrer Produkte zu sichern, unterstützte die britische Regierung die Weiterentwicklung der Norm für nahezu alle Industriezweige (vgl. Glaap, 1996, 28).

In anderen Ländern, beispielsweise in Frankreich, Deutschland und den USA existierten nationale Normen. 1987 vereinheitlichte schließlich das International Office of Standartisation (ISO) in Genf die Regelwerke und gab sie als ISO 9000ff heraus. Eine komplette Überarbeitung der Normen erfolgte 1994, wobei sich an Ziel und Inhalt nicht viel verändert hat.

Die Herausgabe der ISO-9000-Reihe durch das International Office of Standartisation erfolgte aufgrund der Absicht und des Ziels, die in den industrialisierten Ländern bereits existierenden Qualitätsnormen und -forderungen zu vereinheitlichen, um so den nationalen und internationalen Handel zu vereinfachen (vgl. Gumpp/Wallisch, 1996, 49).

Heute ist die Normenreihe 9000ff als deutsche (DIN), europäische (EN) und internationale (ISO) Norm gültig.

6.2.2 Struktur der ISO-Normen

Die Vorschriften der ISO 9000 - 9004 können wie folgt in Gruppen eingeteilt werden:

1. Alle Teile der ISO 9000 sind Leitfäden zur Anwendung und Interpretation der Normen.

2. Die ISO 9001, 9002 und 9003 beinhalten Modelle zur Darlegung des Qualitätsmanagementsystems.

3. Alle Teile der ISO 9004 sind Normen für das Qualitätsmanagement und Elemente eines Qualitätsmanagementsystems.

    (vgl. Brakhahn/Vogt, 1996, 33)

In der folgenden Abbildung ein Überblick über die Struktur der ISO 9000-Familie.

Abbildung 12: Die Struktur der ISO 9000ff

(vgl. Brakhahn/Vogt, 1996, 33)

6.2.3 Leitfaden für Dienstleistungen – DIN EN ISO 9004/2

Die DIN EN ISO 9004 Teil 2 enthält Anleitungen zum Qualitätsmanagement von Dienstleistungen. Die wesentlichen Schwerpunkte dieses Leitfadens sind:

- Kundenzufriedenheit,
- Struktur eines Qualitätsmanagementsystems für Dienstleistungsunternehmen,
- Kommunikation,
- Ablaufelemente eines Systems.

Das Konzept der DIN EN ISO 9004/2 nimmt für sich in Anspruch, alle Prozesse zu umfassen, die bei der Erbringung einer Dienstleistung nötig sind.

In dem Leitfaden der DIN EN ISO 9004/2 sind Gedanken des dienstleistungsbezogenen Modells von *Donabedian* zu finden. Die Norm geht davon aus, dass drei Dimensionen die Dienstleistungsqualität beeinflussen:

- **Potentialdimension**
  Die Potentialdimension befasst sich mit den Strukturen und Potentialen eines Dienstleisters, also den Fähigkeiten und Voraussetzungen, der Struktur und Ausstattung, um eine Dienstleistung zu erbringen.

- **Prozessdimension**
  Die einzelnen Prozesse, die die Erbringung einer Dienstleistung beeinflussen, gehören zur Prozessdimension.

- **Ergebnisdimension**
  Diese Dimension schließt die Beurteilung durch den Dienstleister und vor allem die durch den Kunden mit ein.

(vgl. Brakhahn/Vogt, 1996, 134ff)

6.2.4 Das Qualitätssicherungshandbuch

Ein Ziel des Konzepts der DIN EN ISO 9001ff ist es, vergleichbare Verfahren zur Qualitätssicherung bei unterschiedlichen Dienstleistern einzuführen. Organisationen, die ihre Verfahren zur Qualitätssicherung entsprechend den Regeln dieser Normen durchführen, können damit einen Gütesiegel bzw. ein Zertifikat erwerben.

Eine entscheidende Voraussetzung für die Zertifizierung bildet die Erstellung eines Qualitätssicherungshandbuches.

Ein Qualitätssicherungshandbuch hat die Aufgabe, die Qualitätssicherung sowie das Qualitätsmanagement nach innen und nach außen transparent werden zu lassen. Mit Hilfe des Handbuches wird dokumentiert bzw. beschrieben, was in einer Organisation zu welchem Zweck, in welchem Zusammenhang und von wem getan wird. Die Rückverfolgbarkeit ist ein zentrales Prinzip, denn Abweichungen und Fehler von definierten Standards sollen soweit zurückverfolgt werden können, dass die Ursache zu identifizieren ist. Da die DIN EN ISO 9001ff für alle Dienstleistungen anwendbar ist, z. B. für Banken, Versicherungen, soziale Einrichtungen, aber auch für die Müllabfuhr oder Reinigung von Textilien, ist leicht einzusehen, welchen Wert das Prinzip der Rückverfolgbarkeit hat.

Im Qualitätssicherungshandbuch sind nach DIN EN ISO 9001ff insgesamt 20 Qualitätsmanagementelemente, die zu einer umfassenden Qualitätssicherung führen, zu beschreiben (vgl. Meinhold, 1998, 60).

6.2.5 Die Qualitätsmanagement-Elemente

Abbildung 13: Die Elemente des QS-Handbuches im Überblick

1. Verantwortung der Leitung	11. Prüfmittelüberwachung
2. Qualitätsmanagementsystem	12. Prüfstatus
3. Vertragsprüfung	13. Lenkung fehlerhafter Produkte
4. Designlenkung	14. Korrektur- und Vorbeugemaßnahmen
5. Lenkung der Dokumente	15. Handhabung, Lagerung, Verpackung, Konservierung und Versand
6. Beschaffung	
7. Lenkung der vom Auftraggeber bereitgestellten Produkte	16. Qualitätsaufzeichnungen
	17. Interne Qualitätsaudits
8. Kennzeichnung und Rückverfolgung von Produkten	18. Schulung
	19. Wartung/Kundendienst
9. Prozesslenkung	20. Statistische Methoden
10. Prüfungen	

1. Element: Verantwortung der Leitung

Die Geschäftsleitung oder die Leitung der Einrichtung ist verantwortlich für die Qualitätspolitik. Die Qualitätspolitik, die Qualitätsziele, die Verantwortlichkeiten und die Befugnisse sind festzulegen und zu dokumentieren, verbunden mit der Verpflichtung der obersten Leitung zur Qualität, denn Qualität ist im wesentlichen Leitungsaufgabe. Wichtig ist, dass sich die Mitarbeiter tatsächlich mit den formulierten Zielen identifizieren können.

2. Element: Qualitätsmanagementsystem

Alle qualitätsrelevanten Unterlagen und Prozesse sind zu beschreiben und ein Rückmeldesystem über die Dienstleistungsqualität ist einzurichten. Konkret geht es um die Mitteilung, welche Arbeitsanweisungen vorhanden, welche Prüfpläne zu beachten sind und welche Schulungen beteiligte Mitarbeiter zu absolvieren haben. Der Qualitätsbeauftragte bzw. größere Arbeitseinheiten, die mit Qualitätssicherungsaufgaben betraut sind, werden benannt.

3. Element: Vertragsprüfung

Es muss nachgewiesen werden, dass die versprochenen Leistungen auch tatsächlich erbracht werden. Dies kann anhand von Qualifikation der Mitarbeiter und der Arbeitsdokumente belegt werden.

Die DIN EN ISO 9004/2 empfiehlt, den Kundenkontakt zu fördern, ausreichende Informationen zur Verfügung zu stellen, auf welche Art Probleme oder Schwierigkeiten gelöst werden können, sowie den Bedarf an Dienstleistungen zu ermitteln.

4. Element: Designlenkung

Die Dienstleistung ist in allen Einzelheiten zu beschreiben, inklusive der dafür erforderlichen Tätigkeiten und Vorbereitungen. Neben dem Dienstleistungsprozess befasst sich dieses Element auch mit dem Dienstleistungsergebnis. Dem Dienstleister sollte bewusst sein, dass die Erwartungshaltung des Kunden einer ständigen Veränderung unterliegt.

5. Element: Lenkung der Dokumente

An dieser Stelle sind die verantwortlichen Mitarbeiter zu benennen, die dokumentieren, ablegen, sammeln und archivieren. Dokumente und Daten liefern wichtige Informationen über Leistungen/Produkte eines Unternehmens. Qualitätsmanagementdokumente sind z. B. Organisations- und Prozessanweisungen, Qualitätshandbuch, Projektprotokolle, Berichte und Feedbacks zu Weiterbildungsveranstaltungen.

6. ELEMENT: BESCHAFFUNG

In sozialen Einrichtungen werden mitunter Leistungen und Ressourcen gekauft. Dies können z. B. freie Mitarbeiter, Referenten, Trainer, Sachmittel für Büroleistungen, Dienstleistungen von Dritten (Steuerberatung, Rechtsberatung u. ä.) oder technisches Inventar sein.

Die Qualitätsverbesserung soll durch die Beschaffung unterstützt und Probleme in Bezug auf Qualität sollen möglichst vermieden werden. Deshalb ist die Sicherstellung, dass beschaffte Produkte/Leistungen die festgelegten Qualitätsanforderungen erfüllen, wichtig, was entsprechende Planung und Lenkung der Beschaffung voraussetzt.

7. ELEMENT: LENKUNG DER VOM AUFTRAGGEBER BEREITGESTELLTEN PRODUKTE

Ausrüstungen, Materialien und Leistungen, die vom Kunden bereitgestellt werden, sollen rechtzeitig vor ihrer Nutzung verifiziert werden. Im Falle einer Falsifizierung ist eine Korrektur oder ein Ersatz zu veranlassen. Sollte trotz pfleglichem Umgang durch die Mitarbeiter eine Beschädigung auftreten, wird der Kunde sofort in Kenntnis gesetzt und eine Lösung vereinbart.

8. ELEMENT: KENNZEICHNUNG UND RÜCKVERFOLGUNG VON PRODUKTEN

Alle produkt-/dienstleistungsbezogenen Tätigkeiten und Verantwortlichkeiten der Mitarbeiter sind zu dokumentieren. Aufzeichnungen von Tätigkeiten und Prozessen erlauben einen Rückgriff auf Kunden, Projekte, Trainer und Teilnehmer, so dass z. B. bei Beschwerden die Verantwortlichen festgestellt werden können.

9. ELEMENT: PROZESSLENKUNG

Besonders bei Dienstleistungen kommt der Lenkung und Beherrschung eines Prozesses besondere Bedeutung zu. Aufgrund des zeitlichen Zusammentreffens von Produzieren und Konsumieren einer Dienstleistung ist eine Kontrolle vor Erbringung der Leistung in der Regel nicht möglich. Aufgrunddessen sind Arbeitsanweisungen oder auch die Einweisung neuer Mitarbeiter besonders aufmerksam zu planen und zu beobachten.

10. Element: Prüfungen

Hier geht es um Selbstüberprüfung, Identifikation von Schlüsseltätigkeiten sowie einer Endprüfung, die die Beurteilung durch den Kunden einschließt. Die Ergebnisse der Prüfungen werden analysiert, um die Fehlerquellen und deren Ursachen zu identifizieren, damit in Zukunft vorgebeugt werden kann.

11. Element: Prüfmittelüberwachung

Eine gründliche Durchführung von Prüfungen setzt geeignete Mittel voraus. Entsprechende Prüfmittel können z. B. Projektprotokolle, Checklisten, Teilnehmer-/Anwenderbefragungen, Teilnehmerbewertungen sein. Damit die Eignung der Mittel festgestellt und aufrecht erhalten werden kann, müssen die Prüfmittel regelmäßig überwacht werden.

12. Element: Prüfstatus

Der Prüfzustand eines Produktes muss jederzeit erkennbar sein, sowie mit welchen Mitteln und von wem die Kennzeichnung vorgenommen wurde.
Mit Hilfe der Aufzeichnungen sollte jederzeit die Möglichkeit bestehen, die Kundenzufriedenheit festzustellen.

13. Element: Lenkung fehlerhafter Produkte

Es ist zu dokumentieren, wie mit fehlerhaften Dienstleistungen umgegangen wird und wie Korrekturmaßnahmen erfolgen können, um Kunden trotz aufgetretener Fehler zufriedenzustellen. Oberstes Ziel ist es, dass nur fehlerfreie Leistungen zum Kunden gelangen.

14. Element: Korrektur- und Vorbeugungsmaßnahmen

Dieses Element beinhaltet die Sicherstellung, dass Ursachen für Fehler erkannt und beseitigt werden.

Zwei Arten von Korrekturmaßnahmen sind zu unterscheiden: Erstens die sofortige Korrektur eines Fehlers, um die Bedürfnisse der Kunden zu erfüllen und zweitens die langfristige Korrektur (Präventivmaßnahmen), indem die Ursache des Fehlers analysiert und beseitigt wird, um ein erneutes Auftreten zu verhindern.

15. ELEMENT: HANDHABUNG, LAGERUNG, VERPACKUNG, KONSERVIERUNG UND VERSAND

In diesem Teil sind Verantwortlichkeiten für Lagerung, Versand, Handhabung, Schutz von Material und Dokumenten zu regeln. Geeignete Methoden für die Produkthandhabung oder die Erbringung von Dienstleistungen sind zu entwickeln. Es geht u. a. um Vorkehrungen, damit mögliche Schäden für den Kunden vermieden werden, beispielsweise wenn Kundeneigentum durch den Dienstleister genutzt wird.

16. ELEMENT: QUALITÄTSAUFZEICHNUNGEN

Es ist sicherzustellen, dass Qualitätsaufzeichnungen erstellt, gekennzeichnet, gesammelt, ausgewertet und archiviert werden.

Mittels Qualitätsaufzeichnungen wird nachgewiesen, dass Produkt- oder Dienstleistungen den Anforderungen des Qualitätsmanagementsystems entsprechen.
Zu den Qualitätsaufzeichnungen gehören z. B. Angebote, Aufträge, Projektbeschreibungen, Nachweise zu Qualifikationen, Trainingsprogramme, aktuelle Teilnehmerlisten und Qualitätsauditberichte.

17. ELEMENT: INTERNE QUALITÄTSAUDITS

Der Zeitabstand (z. B. einmal jährlich), Umfang und Verfahren für interne Überprüfungen der Qualitätssicherungssysteme und -maßnahmen ist zu bestimmen. Ziele von internen Qualitätsaudits sind beispielsweise

- die regelmäßige Überprüfung der Vorgaben im Qualitätshandbuch, ggf. sind sie zu verbessern bzw. zu korrigieren,
- Überprüfung der Anforderungen und Leistungsziele,
- Überprüfung der Leistungsqualität der Mitarbeiter und
- systematische Prüfung, ob die Qualitätsmanagement-Vorgaben angewandt werden und sinnvoll in Arbeitsabläufe eingebunden sind.

18. ELEMENT: SCHULUNG

Für die Erreichung der Qualitätsziele ist die Aus- und Weiterbildung der Mitarbeiter besonders wichtig. Hier sind die Inhalte, der zeitliche Rahmen und die Personengruppen für Qualifikations- und Weiterbildungsmaßnahmen festzulegen. Einen Schwerpunkt setzt die DIN EN ISO 9004/2 auf die Motivation, Kommunikation und Leistung der Mitarbeiter.

19. ELEMENT: WARTUNG/KUNDENDIENST

Besondere Bedeutung kommt der Kundenbeziehung zu. Grundsätze und Regeln zur Beratung der Kunden sowie die Beschreibung von Art und Weise des Umgangs mit Reklamationen sollten hier genannt werden.

20. ELEMENT: STATISTISCHE METHODEN

Mittels statistischer Methoden soll die Datensammlung und -anwendung unterstützt werden, um beispielsweise ein besseres Verständnis für die Kundenbedürfnisse zu erhalten. Die Ergebnisse können dazu dienen, die Qualität zu messen und Trends zu bestimmen. Als grundlegende Methoden können z. B. angewandt werden

- Befragungen, Interviews,
- Stich- und Vollprobenprüfungen,
- Ursachen-Wirkungs-Diagramme,
- Schriftliche Teilnehmerbewertungen,
- Chancen- und Risikoanalyse

(vgl. Meinhold, 1998, 60ff ; Brakhahn/Vogt, 1996, 137ff; Brauer, 1997, 22ff sowie Thombansen/Laske/Possler/Rasmussen, 1994, 137ff).

6.2.6 Vor- und Nachteile der DIN EN ISO 9000ff

Folgende **Vorteile** werden von Unternehmen, die im Dienstleistungsbereich die DIN EN ISO 9000ff eingeführt haben, genannt:

- Mit der Einführung der DIN EN ISO 9000ff Normen ist das Unternehmen verpflichtet, alle Leistungsprozesse grundsätzlich zu überdenken (vgl. Bieger, 1998, 200).
- Für alle Beteiligten wird der Leistungsprozess transparenter. Die Mitarbeiter können sich darauf verlassen, was Kollegen vor- und nachher in der Dienstleistungskette bereits erledigt haben (vgl. Bieger, 1998, 200).
- Das Einhalten gewisser Standards kann dem Kunden durch das Zertifikat glaubwürdig in Aussicht gestellt werden(vgl. Bieger, 1998, 200).
- Die Zertifizierung ist vor allem ein Instrument, welches Eintrittchancen in Märkte bietet und welches zu Werbezwecken eingesetzt werden kann (vgl. Schubert in Schubert/Zink, 1997, 140).

- Die Dokumentation von Verfahren nach DIN EN ISO 9000ff hilft den erreichten Fortschritt beizubehalten (vgl. Kemenade in Heiner, 1996, 125).
- Mit der Implementierung eines QM-Systems anhand der Normen der DIN EN ISO 9000ff werden Arbeits- und Verfahrensweisen kritisch hinterfragt und festgefahrene Vorgehensweisen bei Bedarf geändert (vgl. Graichen in Merchel, 2000, 51).
- Die Beschwerden und Reklamationen von Kunden nahmen ab (vgl. Graichen in Merchel, 2000, 51).
- Entscheidungsprozesse wurden beschleunigt (vgl. Graichen in Merchel, 2000, 51).

Nachteile hingegen sind:

- Die DIN EN ISO 9000ff ist eine reine Verfahrensrichtlinie. Es wird lediglich der Ablauf einer Produktion oder Dienstleistung zertifiziert. Über die Qualität eines Produktes oder einer Dienstleistung sagen die Normen nichts aus. Eine Zertifizierung nach DIN EN ISO 9000ff gewährleistet somit lediglich, dass das, was getan wird einem geforderten System entspricht (vgl. Schubert in Schubert/Zink, 1997, 140). "Eine gute und korrekt durchgeführte Qualitätssicherung garantiert nicht als solche schon eine gute Qualität" (Meinhold, 1998, 58).
- Die Zertifizierung ist mit hohen Kosten verbunden. Für die erstmalige Zertifizierung einer Einrichtung ist mit einem durchschnittlichen Betrag von etwa 70.000,-- DM zu rechnen. Dabei bleiben die internen Kosten für die Freistellung von Mitarbeitern unberücksichtigt. Bei der Aufrechterhaltung der Zertifizierung muss von ca. 10.000,-- DM jährlich ausgegangen werden, ebenfalls ohne Einbeziehung der Kosten für freigestellte Mitarbeiter (vgl. Schubert in Schubert/Zink, 1997, 140).
- Die Übertragung der Begrifflichkeit ist für die Arbeitsfelder Sozialer Arbeit mitunter problematisch.

6.2.7 Fazit

Argumente wie die hohen Kosten und der Dokumentationsaufwand halten soziale Einrichtungen davon ab, sich nach DIN EN ISO 9000ff zertifizieren zu lassen (vgl. Meinhold, 1998, 58).

Meines Erachtens muss man unterscheiden, in welchen Arbeitsfeldern Sozialer Arbeit eine Zertifizierung nach DIN EN ISO sinnvoll, finanzierbar und vielleicht auch unumgänglich ist (siehe hierzu Praxisbeispiel in Kapitel 8) und Arbeitsfeldern, in denen es heikel sein kann. *Speck* sieht das Risiko in der Behindertenhilfe. Er befürchtet, dass der Faktor Wirtschaftlichkeit dominant wird, z. B. begründet in Kostenreduzierungszwängen, und die fachliche und die menschliche Qualität (Lebensqualität) gefährdet. Hinzu kommt, dass soziale Beziehungen auf Wechselwirkungen beruhen und deshalb nur begrenzt planbar sind (vgl. Speck, 1999, 212).

Die Problematik der Normen liegt darin, dass sie lediglich Ansprüche an den Ablauf einer Dienstleistung stellt. Wie das Ergebnis ist, ob es die richtigen Dinge sind, ist nicht relevant.

Nach Meinung von *Münchrath* könnte infolgedessen ein Fabrikant von Rettungsringen für Schwimmer auch dann das Zertifikat erhalten, wenn die Rettungsringe aus Beton angefertigt würden, sofern er nur den Herstellungsprozess und die Zuständigkeiten in seiner Firma nach den Vorgaben der Norm beschreibt und dokumentiert (vgl. Meinhold, 1998, 57-58).

7. VERGLEICH EFQM UND DIN EN ISO 9000FF

Ein 1 : 1 Vergleich der beiden Systeme ist nicht so einfach möglich. Der Ansatz zur Vorgehensweise beider Systeme ist zu verschieden. Auf der einen Seite ist bei der DIN EN ISO 9000ff das Bemühen um eine umfangreiche Beschreibung eines Systems in Form einer Norm und auf der anderen Seite im EFQM-Modell die Deskription eines Denkansatzes und einer Verhaltensweise im Unternehmen unterstützt durch geeignete Methoden.

Dennoch kann man versuchen die beiden Modelle wenigstens prinzipiell miteinander zu vergleichen (vgl.http://www.deming.de/ iso9000/ iso_tqm.html).

Abbildung 14: Inhaltliche Unterschiede zwischen EFQM und DIN EN ISO 9000ff

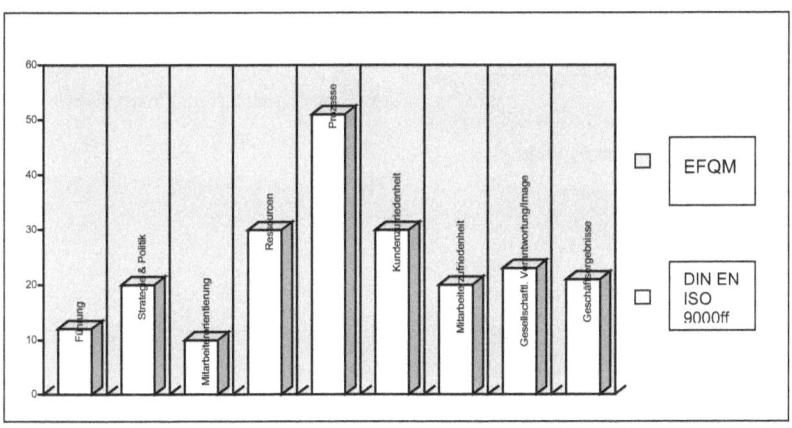

(vgl. Zink in Schubert/Zink, 1997, 93 – interne Unterlagen der Sulzer AG Winterthur)

Der höchste Grad der Übereinstimmung ist eindeutig auf dem Gebiet der Prozesse. Sie spielen in beiden Modellen eine große Rolle.

Wichtig ist zu beachten, dass ein Zertifikat nach DIN EN ISO 9000ff aufgrund einer guten Prozessbeschreibung erteilt werden kann, während die Bewertung der Ergebnisse unberücksichtigt bleibt.

Dies ist beim EFQM-Modell anders. Eine gute Bewertung im EFQM-Modell zu erhalten ist nur dann möglich, wenn zu den Prozessen korrespondierende Ergebnisse aufgeführt werden können (vgl. www.deming.de/iso9000/iso_tqm.html).

Die Einbeziehung der Ergebnisse in die Bewertung nach dem EFQM-Modell hat somit eine große Bedeutung.

Abschließend eine Synopse der beiden Systeme:

DIN EN ISO 9000ff	EFQM-Modell
Internationales Normensystem zur Qualitätssicherung	Europäisches Modell für Total Quality Management
Die Qualität (Standards oder technische Normen) wird vom Produzenten selbst festgelegt oder es werden externe Normen (Produktnormen) herangezogen. Der Kunde ist jedoch Bezugsgröße. Der Zulieferer muss in dieses Verfahren integriert werden.	Bekanntheitsgrad in Deutschland noch gering. Tendenz steigend. Das Resultat sind Qualitätsprofile mit Stärken und Schwächen (Ist-Soll-Vergleich).
Die Festlegung und Dokumentation betrieblicher Abläufe wird mittels Audits durch externe Auditoren kontrolliert.	Das Modell besteht aus neun Kriterien, fünf Befähigerkriterien (50%) und vier Ergebniskriterien (50%).
Ein erfolgreiches Audit ist Voraussetzung für die Erteilung des Zertifikats.	Vom Verhalten der Mitarbeiter und den Führungskräften ist die Qualität sowie die Kundenzufriedenheit abhängig.

Das Zertifikat ist kein Nachweis für die Qualität des Produktes oder der Dienstleistung, sondern bestätigt ausschließlich die korrekte Einführung des QS-Systems nach DIN EN ISO.	Keine Erstellung einer Ablaufbeschreibung, also kein QM-Handbuch.
Hohe externe Kosten und etwa dreimal so hohe interne Kosten.	Über einen freiwilligen Wettbewerb besteht die Möglichkeit sich für den EQA zu qualifizieren.
Jährliche Zwischenaudits (Wiederholungsaudits) sind nötig sowie die Erneuerung der Zertifizierung nach drei Jahren (Überwachungsaudit).	Es erfolgt eine Selbsteinschätzung (Self-Assessment) oder ein Vergleich mit Mitbewerbern (Benchmarking).
	Über die Kosten liegen keine Erkenntnisse vor.

(vgl. Becker in Heiner, 1996, 309)

8. DIE UMSETZUNG DER DIN EN ISO 9002 IN DEN ST. JOSEFS-WERKSTÄTTEN PLAIDT

8.1 Grundsätzliche Informationen zur Einrichtung

Die St. Josefs-Werkstätten Plaidt sind eine anerkannte Werkstätte für psychisch behinderte Menschen. Ihr Träger sind die Barmherzigen Brüder Trier e. V.

Die St. Josefs-Werkstätten beschäftigen psychisch behinderte Menschen mit:

- endogenen Psychosen,
- seelischen Störungen als Folge von Krankheiten oder Verletzungen des Gehirns,
- Persönlichkeitsstörungen, die die Erwerbsfähigkeit einschränken oder
- mit abklingenden Neurosen.

Als anerkannte Werkstatt für Behinderte ist ihr Ziel, diesem Personenkreis durch differenzierte Arbeitsangebote in beschütztem Umfeld die Möglichkeit zu geben, gesellschaftliche Anerkennung als arbeitender Mensch zu erfahren sowie ehemals vorhandene Arbeitsfähigkeiten wiederzuerlangen und neue zu erlernen.

In elf Arbeitsbereichen (u. a. Montage und Verpackung, Landschaftspflege, Schreinerei, Schlosserei, Siebdruck, Näherei) werden zur Zeit 148 Arbeitsplätze vorgehalten. Hinzu kommen zwölf Ausbildungsplätze im Arbeitstrainingsbereich.

Durch das diversifizierte Angebot an Produktion und Dienstleistungen sind die St. Josefs-Werkstätten ein kompetenter Partner von Industrie und Handel (vgl. Broschüre der Barmherzigen Brüder Saffig).

Zum besseren Verständnis der folgenden Abschnitte ein Hinweis. Der Begriff „Beschäftigte" bezeichnet die psychisch behinderten Beschäftigten der WfB und mit dem Ausdruck „Mitarbeitern" sind alle anderen in einer WfB Bediensteten (z. B. Werkstattleiter, Technischer Leiter, Gruppenleiter, pädagogischer Leiter, Verwaltungskräfte) gemeint.

8.2 Zertifizierung nach DIN EN ISO 9002 – Ein Projekt mit rheinland-pfälzischen Werkstätten für Behinderte

Werkstätten für Behinderte haben industrielle Kunden, welche in zunehmendem Maße eine Zertifizierung nach DIN EN ISO 9000 fordern. So wurden auch dieSt. Josefs-Werkstätten von ihrem industriellen Auftraggeber nachdrücklich aufgefordert das Zertifikat nach DIN EN ISO 9002 zu erwerben. Weitere Motive waren laut Angaben der St. Josefs-Werkstätten die Kostenersparnis und sich daraus ergebenden Synergieeffekten.

Vom Landesamt für Soziales, Jugend und Versorgung Rheinland-Pfalz und der Landesarbeitsgemeinschaft der Werkstätten für Behinderte in Rheinland-Pfalz e. V. wurde 1994 ein Projekt zur Unterstützung von Werkstätten für Behinderte auf dem Weg zur Zertifizierung gemäß DIN EN ISO 9000 initiiert.

18 Werkstätten aus Rheinland-Pfalz wurden in einer Arbeitsgemeinschaft von zwei Mitarbeitern der Forschungsstelle Technologie und Arbeit (FTA) der Universität Kaiserslautern auf dem Weg zur Zertifizierung unterstützend begleitet (vgl. Böffel/Beisel in Schubert/Zink, 1997, 98).

Abbildung 15: Die werkstattübergreifenden Arbeitskreise

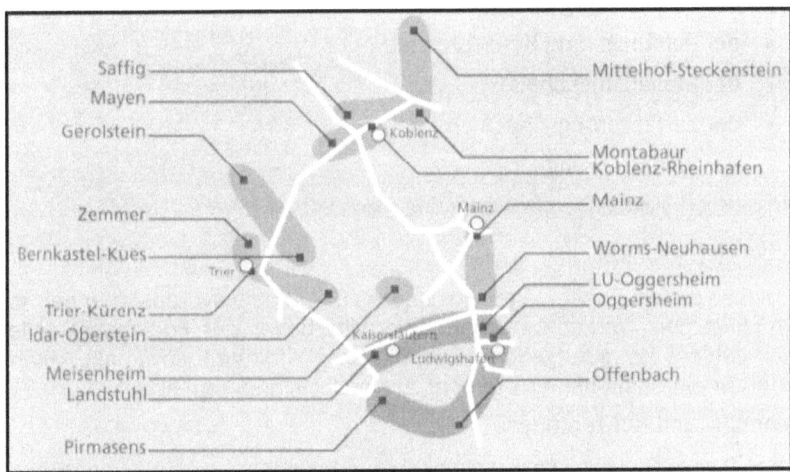

(Quelle: Böffel/Beisel in Schubert/Zink, 1997, 99)

Abbildung 16: Die werkstattinterne Projektorganisation

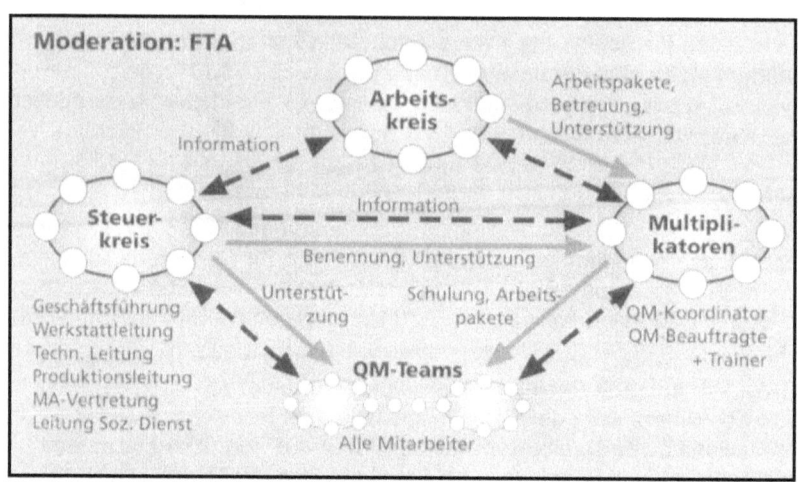

(Quelle: Böffel/Beisel in Schubert/Zink, 1997, 99)

Die Einführung des Qualitätsmanagementsystems in den Werkstätten erfolgte in fünf Phasen:

- der Vorbereitungsphase,
- der Planungs- und Konzeptphase,
- der Umsetzungsphase,
- der Zertifizierungsphase und
- der Weiterführungsphase

(vgl. Böffel/Beisel in Schubert/Zink, 1997, 98).

Vorbereitungsphase

In dieser ersten Phase wurden zunächst Informationsveranstaltungen in den einzelnen Werkstätten durch die Mitarbeiter der Forschungsstelle durchgeführt. Hauptaufgabe war es, die Geschäftsführer sowie alle Mitarbeiter für ein Qualitätsmanagement zu sensibilisieren (vgl. ebd.).

Planungs- und Konzeptphase

In der Planungs- und Konzeptphase wurden zunächst eine werkstattübergreifende und eine werkstattinterne Projektorganisation (siehe Abb. 16) gegründet. In acht Arbeitskreise aufgeteilt trafen sich die 18 Werkstätten einmal monatlich. Die Moderation erfolgte durch die beiden Mitarbeiter der Forschungsstelle. Zwei bis vier Mitarbeiter jeder Einrichtung, welche auch in den einzelnen Werkstätten in größerem Umfang im QM-System eingebunden sind, waren Teilnehmer der Arbeitskreise. Mindestens ein Mitarbeiter des Arbeitskreises war vom Sozialen Dienst.

Die Schwerpunkte dieser Phase lagen in umfangreichen Schulungsmaßnahmen zu Norminhalten und der Einführung eines Qualitätsmanagementsystems. Ferner wurden sogenannte ‚Trainer-Seminare' für Mitarbeiter, die als Multiplikatoren ihr Schulungswissen an alle Kollegen weitergeben sollten, durchgeführt. Diese Trainer-Schulungen waren auf die spezifischen Verhältnisse jeder Werkstatt abgestimmt (vgl. Böffel/Beisel in Schubert/Zink, 1997, 98-100).

Umsetzungsphase

Während dieser Phase wurde vorab ein werkstattübergreifendes Konzept für die Dokumentation des Qualitätsmanagements entwickelt, bevor die werkstattspezifische Maßnahmenplanung für den Aufbau des Qualitätsmanagementsystems erfolgte. Die FTA bereitete einen Leitfaden für ein QM-Handbuch vor. Zudem standen die Forschungsstellenmitarbeiter den einzelnen Einrichtungen für Detailfragen zur Verfügung (vgl. ebd., 100).

Zertifizierungsphase

Die Vorbereitung dieser Phase erfolgte von der Forschungsstelle. Eine überregionale Zertifizierungsgesellschaft wurde gefunden, die von industriellen Kunden akzeptiert ist. Kriterien für die Auswahl waren

- die Höhe der Zertifizierungsgebühren,
- Art und Umfang der Zusammenarbeit bis zur Zertifizierung
- die fachliche Herkunft der Auditoren sowie
- die Benennung eines Projektleiters

(vgl. Böffel/Beisel in Schubert/Zink, 1997, 100).

8.3 Beispiele für die Umsetzung der DIN EN ISO 9002 anhand einiger QM-Elemente

8.3.1 Element 1: Verantwortung der obersten Leitung

Allgemeines

Die St.-Josefs-Werkstätten orientieren sich an den Unternehmensleitlinien und dem Leitbild des Trägers, den Barmherzigen Brüdern Trier e. V.

Für den Erfolg der Werkstätten orientiert man sich an dem Qualitätsverständnis, wonach die Kunden die Werkstatt bewerten. Grundlage für die Bewertung sind Produkte und Dienstleistungen, gelebtes Verhalten miteinander und der Umgang mit den zu betreuenden Mitarbeitern sowie den Kunden.

Dem Werkstattleiter obliegt die Gesamtverantwortung für die Einführung des Qualitätsmanagementsystems.

Qualitätsmanagement

Auf Grund der gestiegenen Anforderungen der Kunden will man über die Zertifizierung zu einer ständigen Qualitätsverbesserung sowohl in der Produktion als auch der Betreuungsleistung gelangen.

Die wichtigsten Ansatzpunkte für eine dauerhafte Qualitätssicherung sind

- die Strukturen und Abläufe,
- die Instrumente und Regelkreise sowie
- das Verhalten aller Mitarbeiter.

Leitlinie und Qualitätspolitik

Die Werkstatt- und Qualitätspolitik stimmt mit den Grundsätzen und Leitlinien des Trägers überein. Die daraus abgeleiteten Ziele und Initiativen werden unterstützt bei gleichzeitiger Einhaltung externer Qualitätsnormen, welche die Basis für eine vertrauensvolle Zusammenarbeit mit den Auftraggebern bilden.

Die wichtigsten Prinzipien der Werkstattpolitik lauten:

- der Maßstab für die Qualität der Produkte und Dienstleistungen bestimmt der Kunde (zu betreuende Mitarbeiter, Kostenträger, private und industrielle Kunden, Lieferanten),
- die Leistung beruht auf den Mitarbeitern, die Förderung deren Bereitschaft erfolgt durch Information, Fort-, Aus- und Weiterbildung,

- da die internen Abläufe das Zusammenwirken bestimmen, werden Zuständigkeiten und Aufgaben bezüglich Effizienz und Effektivität kontinuierlich hinterfragt und verbessert,
- das Vertrauen der Öffentlichkeit in Menschen mit Beeinträchtigungen soll durch die Darstellung der eigenen Aktivitäten verbessert werden.

Im Kontext mit diesen aufgeführten Aspekten gilt für die Werkstattstruktur, dass

- Kompetenzen und Verantwortung sinnvoll delegiert werden,
- Mitarbeiter bei der Umsetzung beteiligt werden und
- die Organisation regelmäßig von unabhängigen Experten beurteilt wird.

Qualitätsstrategie

Um die Leistungen der Einrichtung ständig zu verbessern, wird regelmäßig hinterfragt ob Anspruch und Wirklichkeit übereinstimmen. Ggf. werden entsprechende Maßnahmen eingeleitet.

Im halbjährlichen Rhythmus werden im Rahmen des Qualitätsmanagements Bezugsgrößen zur Werkstattplanung, zum Leistungs- und Kooperationsverhalten und zur Werkstattstruktur festgelegt. Die erreichten Ziele werden zusammengefasst und neue Ziele vereinbart.

Umsetzung des Qualitätsmanagements

Der Werkstattleiter wird bei der Umsetzung des Qualitätsmanagementsystems durch den QM-Beauftragen unterstützt. Diese beiden Personen stellen gemeinsam die erforderlichen Mittel fest und bewilligen dieselben, um die Qualität der Leistungen zu gewährleisten. Ferner überzeugen sie sich regelmäßig von der Qualität der Leistungen.

Anhand von Berichten des QM-Beauftragten bewertet der Werkstattleiter das Qualitätsmanagementsystem. Ein Bericht über die kontinuierliche Verbesserung wird halbjährlich veröffentlicht. Ein Bericht, welcher die Ergebnisse des Systemaudits aller Bereiche Systemelemente nach DIN EN ISO 9002 beinhaltet, erfolgt jährlich.

Ziele der Berichterstattung und die Schlussfolgerung des Werkstattleiters daraus sind:

- die Beurteilung der Anpassungsnotwendigkeit der Werkstattpolitik und des QM-Systems,
- die Überprüfung und ggf. Überarbeitung der strategischen Ziele.

Für das Erreichen dieser Zielsetzungen werden messbare Qualitätsziele zugrunde gelegt, und zwar

- die Regelmäßige Überprüfung des QM-Systems im Rahmen interner Audits,
- die Erstellung eines jährlichen QM-Berichtes durch den QM-Beauftragten,
- die Implementierung eines kontinuierlichen Verbesserungsprozesses sowie die Etablierung eines halbjährlichen kontinuierlichen Verbesserungsprozess-Teams,
- die Festlegung von Bezugsgrößen und Kennzahlen zur Werkstattplanung, zur Ablauforganisation, zur Mitarbeiterqualifikation sowie zur Kundenzufriedenheit,
- die regelmäßige Durchführung von standardisierten Kundenbefragungen,
- die Entwicklung, die Aktualisierung und systematische Kontrolle von messbaren Standards für die Betreuung von Menschen mit psychischen Beeinträchtigungen.

8.3.2 Element 8: Rückverfolgbarkeit

Allgemeines

Über alle Phasen der Produktrealisierung werden die Produkte und die zugehörigen Unterlagen so gekennzeichnet, dass eine eindeutige Identifizierung, Zuordnung und Rückverfolgung gegeben ist. Dies beginnt beim Lieferanten über den Wareneingang, Lager, Produktion bis hin zur Auslieferung.

Kennzeichnungsverfahren

Bei der Wareneingangprüfung werden alle angelieferten Produkte gekennzeichnet, so dass sie eindeutig zu identifizieren und/oder einem Auftrag zuzuordnen sind. Besondere Kennzeichnungsverfahren, die vom Auftraggeber vorgeschrieben sind, werden entsprechend durchgeführt.

Regelungen zur Rückverfolgung

Die Warenbegleitpapiere, die bis zur Auslieferung am Produkt bleiben, werden als Fertigungspapiere auftragsbezogen archiviert. Die Zuständigkeit liegt beim jeweiligen Gruppenleiter.

8.3.3 Element 16: Qualitätsaufzeichnungen

Allgemeines

Die Qualitätsaufzeichnungen dienen zur Verfolgung und Bewertung der Qualität der Produkte und zum Nachweis, dass das QM-System wirksam praktiziert wird.

Die Interpretation von Qualitätsaufzeichnungen ermöglicht Schlüsse auf mögliche Verbesserungen des Systems.

Begriffe

Qualitätsaufzeichnungen erfolgen in Schriftform oder als Software. Sie enthalten Informationen über das Produkt, den Prozess oder Wirksamkeit des Qualitätsmanagements.

Die St. Josefs-Werkstätten differenzieren in:

- produktionsbedingte Qualitätsaufzeichnungen und
- übergeordnete Qualitätsaufzeichnungen.

Verfahren

„Alle Qualitätsaufzeichnungen unterliegen einer geregelten Systematik und Kennzeichnung, die es ermöglicht, innerhalb festgelegter Aufbewahrungsfristen einen Bezug zu entsprechenden Produkten, Prozessen, Audits, Maßnahmen usw. zu wahren".

Dies beinhaltet, dass alle Qualitätsaufzeichnungen pfleglich behandelt werden. Sie sind vor Beschädigung, Verlust oder unbefugtem Zugriff zu schützen. Sie unterliegen dem Verfahren der Datensicherung.

Die Archivierung, die Kennzeichnung bezüglich Zuständigkeit, die Aufbewahrungsdauer, der Aufbewahrungsort u. ä. regelt eine Matrix in der Verfahrensanweisung zum Handbuch.

8.3.4 Element 17: Interne Audits

Allgemeines

Ziel ist die Gewährleistung, dass die aufgebauten Strukturen ‚gelebt' werden, bzw. dass das QM-System den sich verändernden äußeren Rahmenbedingungen angepasst wird. Hierfür wird das eigene QM-System regelmäßig auf Vollständigkeit, Wirksamkeit und Zweckmäßigkeit überprüft.

Planung und Vorbereitung

Unterschieden wird zwischen:

- **Systemaudit**
  Der vom Qualitätsmangementbeauftragten jährlich erstellte Auditplan wird über den Technischen Leiter an die zu auditierenden Bereiche weitergeleitet. Die Form des Audits sowie den Kriterienkatalog vereinbaren QM-Beauftragte und Technischer Leiter vor dem Audit.

- **Verfahrensaudit**
  Die Verfahrensweise erfolgt analog dem Systemaudit.

- **Produktaudit**
  Dieses Audit erfolgt nur aufgrund besonderer Vorkommnisse, wie beispielsweise Reklamationen oder veränderte Rahmenbedingungen.

Durchführung, Aufzeichnung und Bewertung

Als Grundlagen zur Realisierung des Audits dienen u. a. die existierenden QM-Dokumente (z. B. Handbuch, Verfahrensanweisungen) und die internen Organisationspläne. Der QM-Beauftragte prüft und beurteilt während des Audits die Wirksamkeit des QM-Systems. Die Resultate werden vom QM-Beauftragten im Auditbericht festgehalten. Um Korrektur- und Vorbeugemaßnahmen durchzuführen, wird der Auditbericht sowohl dem Werkstattleiter als auch dem KVP-Team vorgelegt. Der QM-Beauftragte legt, abhängig vom Ergebnis des Audits, d. h. der Art der Abweichung, den Termin für ein Nachaudit fest.

8.3.5 Element 18: Schulung

Allgemeines

„In diesem Kapitel wird die Einstellung und Einarbeitung neuer Mitarbeiter, die Planung, Durchführung und Dokumentation von Aus-, Fort- und Weiterbildungsmaßnamen für Mitarbeiter und die Einführung von Praktikanten und Zivildienstleistenden beschrieben".

Durch Fort- und Weiterbildungsmaßnahmen soll der erreichte Qualifizierungsstand aufrechterhalten sowie verbessert werden.

Feststellen des Bedarfs und Planung

Die Aus-, Fort- und Weiterbildungsmaßnahmen werden von dem Psychologen der Einrichtung koordiniert.

Der Werkstattleiter entscheidet über die Durchführung, über den Zeitpunkt der Schulungsmaßnahmen sowie den Personenkreis. Ihm obliegt auch die Verantwortung dafür, dass die ihm unterstellten Mitarbeiter über eine für ihre qualifizierte Aufgabenerfüllung entsprechende Ausbildung verfügen und dass alle Mitarbeiter der St. Josefs-Werkstätten eine sonderpädagogische Zusatzausbildung erhalten bzw. besitzen.

Die Stellenbeschreibungen und das jeweilige Anforderungsprofil, die festgelegten Aufgaben und die Kompetenzen bilden die Grundlage für die Ermittlung des Schulungsbedarfs.

Der konkrete Bedarf für Schulungen wird durch die Gegenüberstellung des jeweiligen Anforderungsprofils mit den vorhandenen Qualifikationen des Stelleninhabers sowie den produktionsspezifischen Veränderungen, die eine besondere Qualifikation notwendig machen, ermittelt.

Die Mitarbeiter können aber auch dem Vorgesetzen Vorschläge für Schulungen unterbreiten.

Der Bedarf für Schulungen bezüglich des QM wird vom QM-Beauftragten aufgrund der Ergebnisse der internen Audits und der Resultate des KVP-Teams ermittelt.

Arten der Schulung

Die WfB unterscheidet folgende Schulungsmaßnahmen:

- Einführungsveranstaltung für neue Mitarbeiter, Praktikanten und Zivildienstleistende,
- Fortbildungsmaßnahmen,
- Berufliche Weiterbildung und
- Innerbetriebliche Schulungen.

Nachweise und Aufzeichnungen über Schulungen

Die Dokumentation der durchgeführten Schulungsmaßnahmen erfolgt durch den Psychologen der WfB.

In den Personalakten der einzelnen Mitarbeiter, welche durch die Personalabteilung der Zentralverwaltung geführt werden, werden die Schulungs- und Qualifizierungsnachweise dokumentiert.

Zu vielen Abschnitten des QM-Handbuches gibt es Verfahrensanweisungen, die mir jedoch nicht zur Verfügung standen.

Qualität in der Sozialen Arbeit - Pflicht oder Chance?

8.4 Erfahrungen und Schwierigkeiten bei der Zertifizierung in rheinland-pfälzischen Werkstätten für Behinderte

8.4.1 Auswirkungen in den St. Josefs-Werkstätten Plaidt

Nach Angaben des QM-Beauftragten sowie des pädagogischen Leiters (stellvertretender QM-Beauftragter) der Werkstatt hat die Einführung des QM-Systems und die damit verbundene Zertifizierung nach DIN EN ISO 9002 zu folgenden positiven Veränderungen geführt:

- Abläufe sind transparenter geworden,
- eine Fehler-Ursachen-Analyse lässt sich aufgrund klarer Dokumentationsrichtlinien effizienter durchführen,
- die Arbeit ist besser planbar.
- der Grad des Einsatzes der Beschäftigten wird durch Machbarkeitsanalysen deutlich,
- der Kundenwunsch wird, soweit möglich, durch strukturiertes Abarbeiten von Auftragsannahme bis Lieferung immer im Blick behalten.

Eine Weiterführung des QM-System wird durch Gremien und Regelbesprechungen (z. B. QM-Sitzungen, KVP-Teams und kontinuierliche Verbesserung) sichergestellt.

Für die Werkstatt ist in erster Linie die Industrie der wichtigste Kunde. Doch auch die Beschäftigten sind als Kunde im Blickpunkt der Bemühungen. Insbesondere bedingt durch die gesetzliche Entwicklung des §93ff BSHG bauen die St. Josefs-Werkstätten zur Zeit ein TQM-System auf, in dem sich der Kundenbegriff weiter ausweitet.

Auf die Frage, welche Schwierigkeiten und positive Erneuerungen mit dem QM-System verbunden waren erhielt ich die Antwort, dass einige Probleme in der mangelnden Akzeptanz des QM-Systems von einzelnen Mitarbeitern und dem großen Dokumentationsaufwand liegen. Der höhere Dokumentationsaufwand biete auch schon mal Fehlerquellen. Als positiv wird die gestiegene Transparenz sowie die Festlegung von Schnittstellen bewertet.

8.4.2 Resümee der am Projekt beteiligten Werkstätten

Ende 1998, ca. zwei Jahre nach Abschluss des Projektes, wurden die zertifizierten Werkstätten in Rheinland-Pfalz im Rahmen von strukturierten Interviews befragt. Interviewt wurden in jeder WfB der Geschäftsführer und/oder Werkstattleiter, der Technische Leiter, der QM-Beauftragte, ein

Vertreter des begleitenden Dienstes bzw. Sozialdienstes und die Mitarbeitervertretung (Egger/Steinmetz in Schubert/Zink, 2001, 120-121).

Einige Ergebnisse der Bewertung der Einführung der DIN EN ISO 9001/9002 sind:

Positives

- Die Produktionsabläufe wurden verbessert und die Organisationsstruktur transparenter. Dies ist ein Grund für die relativ hohe Zufriedenheit mit dem QM-System.
- Die Verbesserungen im Qualitätsniveau und in der Produktivität durch die Einführung eines Qualitätsmangements stellen ca. zwei Drittel der Werkstätten fest.

(vgl. Egger/Steinmetz in Schubert/Zink, 2001, 130-131)

Negatives

- Das QM-System bringt einen täglichen Mehraufwand in der Kalkulation, Arbeitsvorbereitung, Qualitätskontrolle und der Dokumentation mit sich. Es besteht somit die Gefahr, dass der betriebene Aufwand nicht dem Nutzen entspricht und Frustration erzeugt. Einige Befragte sahen in allen Aktivitäten zur Einführung des QM-Systems zusätzliche und nur schwer leistbare Arbeit.
- Die Enttäuschung, falls keine Honorierung von der Industrie erfolgte, war groß.

(vgl. Egger/Steinmetz in Schubert/Zink, 2001, 130-131)

Abbildung 17: Die zusammenfassende Einschätzung der Veränderungen in den Werkstätten für Behinderte

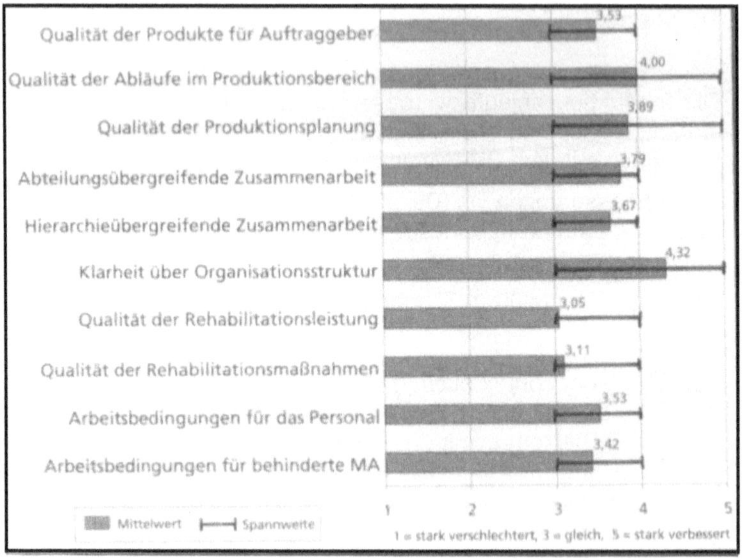

Merkmal	Mittelwert
Qualität der Produkte für Auftraggeber	3,53
Qualität der Abläufe im Produktionsbereich	4,00
Qualität der Produktionsplanung	3,89
Abteilungsübergreifende Zusammenarbeit	3,79
Hierarchieübergreifende Zusammenarbeit	3,67
Klarheit über Organisationsstruktur	4,32
Qualität der Rehabilitationsleistung	3,05
Qualität der Rehabilitationsmaßnahmen	3,11
Arbeitsbedingungen für das Personal	3,53
Arbeitsbedingungen für behinderte MA	3,42

1 = stark verschlechtert, 3 = gleich, 5 = stark verbessert

(Quelle: Egger/Steinmetz in Schubert/Zink, 2001, 127)

Zusammengefasst kann man sagen, dass unterschiedliche Erfahrungen mit der Zertifizierung gemacht wurden und folglich das Zertifikat auch unterschiedlich vermarktet wurde.

Schulungen im Qualitätsmanagement werden als sehr wichtig angesehen, da sie gerade in sozialen Dienstleistungsunternehmen neben der Wissensvermittlung auch die Funktion haben, Vorbehalte und Ängste im Zusammenhang mit der Zertifizierung abzubauen.

In der Regeln übersteigt der interne Nutzen des QM-Systems den externen Nutzen.

Die Studie hat gezeigt, dass eine Zertifizierung alleine noch nicht gleichzeitig zur Verbesserung der Qualität im Produktions- und Dienstleistungsbereich als auch im Rehabilitationsbereich führt. Viele Werkstätten gehen bereits den Weg in Richtung eines umfassenden Qualitätsmanagements. Die Zertifizierung nach DIN EN ISO 9002 ist eine wichtige Basis zur Einführung eines umfassenden Qualitätsmanagements, z. B. im Sinne des EFQM-Modells für Excellence (vgl. Egger/Steinmetz in Schubert/Zink, 2001, 130-133).

Abbildung 18: Die Zusammenfassende Bewertung der Zielerreichung

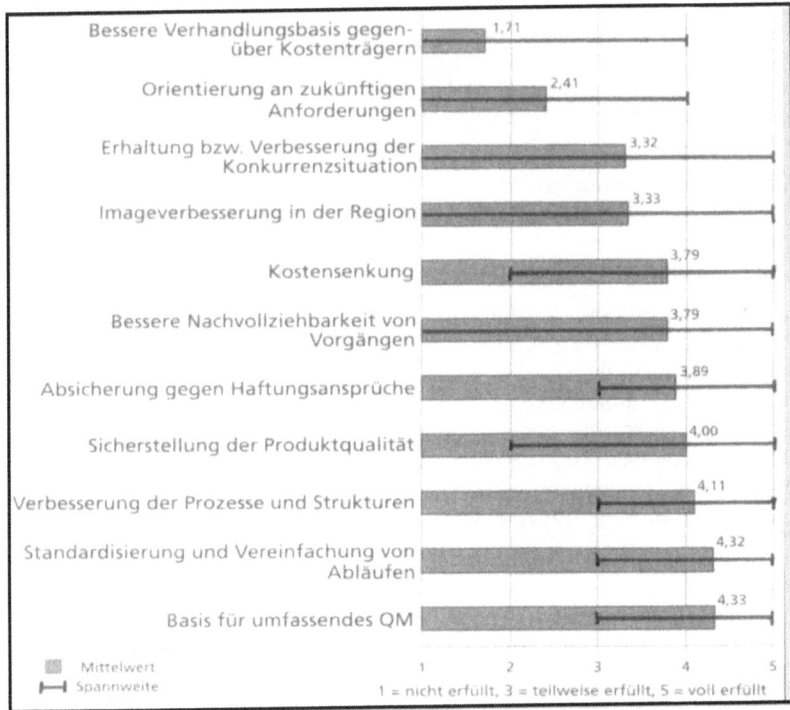

(Quelle: Egger/Steinmetz in Schubert/Zink, 2001, 129)

9. SCHLUSSFOLGERUNGEN

Der Gedanke, den die Leser dieser Arbeit begleiten sollte, war ob der Titel dieser Diplomarbeit „Qualität in der Sozialen Arbeit – Pflicht oder Chance? richtig gewählt wurde. Oder ob vielleicht die Bezeichnung „Qualität in der Sozialen Arbeit – Pflicht und Chance" dem Anspruch dieser Arbeit gerechter würde.

Im folgenden werden die Pflichten und Chancen, aber auch die Risiken und Schwierigkeiten der Qualität in der Sozialen Arbeit näher beleuchtet.

9.1 Qualität als „Pflichtprogramm" Sozialer Arbeit

Die sozialpolitischen, gesetzlichen und wirtschaftlichen Rahmenbedingungen (vgl. Kapitel 2) fordern von der Sozialen Arbeit, sich mit Qualität, Qualitätsentwicklung, Qualitätssicherung usw. auseinander zu setzen. Die gesetzlichen Bedingungen sind Reaktionen des Staates auf die monetären Schwierigkeiten in der Sozialpolitik. Die Finanzierung Sozialer Dienstleistungen, sei es z. B. Jugendhilfe, Drogenhilfe, Behindertenhilfe u. ä., ist abhängig von gesetzlichen Regelungen. In zunehmendem Maße fordern Gesetze (vgl. Kapitel 2.2) Nachweise der Qualität.

Die Zugehörigkeit zu einem bestimmten Verband oder einer Institutionalform als Qualitätskriterium reicht heute nicht mehr aus um staatliche Zuwendungen zu bekommen (vgl. Becker in Heiner, 1996, 313).

Künftig wird es schwierig sein, ohne Bedarfserhebung, Leistungs- und Entwicklungsdokumentationen, Gelder einzuwerben bzw. Einsparungen entgegenzutreten (vgl. Heiner in Heiner, 1996, 22).

Die Pflegeversicherung und die §§ 93 ff BSHG (vgl. Kapitel 2.2) haben den bedingten Vorrang der freien Wohlfahrtspflege und der kirchlichen Organisationen im Sinne des § 10 Abs. 2 BSHG für die soziale Dienstleistungserbringung weitgehend ausgehebelt. Im § 10 II BSHG heißt es, „Die Träger der Sozialhilfe sollen bei der Durchführung dieses Gesetzes mit den Kirchen und Religionsgesellschaften des öffentlichen Rechts sowie den Verbänden der freien Wohlfahrtspflege zusammenarbeiten und dabei deren Selbständigkeit in Zielsetzung und Durchführung ihrer Aufgaben achten." Doch der Status eines Trägers rückt somit mehr und mehr in den Hintergrund. Preis und Qualität rücken in den Vordergrund, mit dem Ziel die öffentlichen Ausgaben durch Wettbewerb zu reduzieren (vgl. Wittenius in Theorie und Praxis der Sozialen Arbeit, 1998, 335-336).

Um öffentliche Mittel zur Finanzierung von Leistungen zu erhalten, wird es heutzutage für soziale Einrichtungen zur „Pflicht" sich mit Qualität auseinander zu setzen und Qualitätsmanagementsysteme einzuführen. Die wachsende Zahl von Trägern sozialer Dienstleistungen, sei es Vereine, selbständige Sozialpädagogen, Bildungswerke u. ä. sorgen für einen Wettbewerb. Die kirchlichen Organisationen sowie die freien Wohlfahrtsverbände sind eine Konkurrenz oft nicht gewohnt, doch werden Qualitätsnachweise erforderlich um wettbewerbs- und konkurrenzfähig zu sein.

Ein weiteres Faktum, welches Qualität zur Pflicht macht, sind die industriellen Kooperationspartner. Die Auftraggeber der Werkstätten für Behinderte (vgl. Kapitel 8) fordern die Qualität der ausgelieferten Produkte. Hier wird Qualität zur Pflicht, wenn man wichtige Partner nicht verlieren will und die Finanzierung der Einrichtung sicher stellen muss.

Zusammenfassend kann festgehalten werden, dass gesetzliche Vorgaben und Forderungen der Auftraggeber zwei wesentliche Aspekte sind, die die Arbeitsfelder der Sozialen Arbeit „verpflichten", sich mit dem Thema Qualität auseinander zu setzen. Wer als Leiter einer Einrichtung die Verantwortung für die Finanzierung derselben trägt, wird künftig der Materie Qualität nicht ausweichen können.

Neu ist für viele Einrichtungen, dass sie wettbewerbs- und konkurrenzfähig sein müssen, zum großen Teil aufgrund der Aushebelung des § 10 II BSHG. Qualität wird für die Soziale Arbeit zum „Pflichtprogramm", da zukünftig nur so die Finanzierung sozialer Dienstleistungen sicher gestellt und Wettbewerbs- und Konkurrenzfähigkeit bewiesen werden kann.

9.2 Qualität als Chance für die Soziale Arbeit

Die Qualitätsdebatte beinhaltet auch eine Fülle von Chancen für die Soziale Arbeit.

Die Aufgaben und Veränderungen, die die gesetzlichen Regelungen fordern, bieten beispielsweise die Chance, die Arbeit grundlegend zu überdenken und zu reorganisieren. Die in der Industrie entwickelten QM-Systeme können dabei helfen:

- administrative Strukturen in Fragen zu stellen und zu verändern,
- sich einer stärker prozessorientierten Untersuchung der Dienstleistungsproduktion zuzuwenden,
- neue Aufgaben für Fachkräfte der Sozialen Arbeit zu entwickeln,
- die Verantwortlichkeiten neu zu regeln,

- den Zuständigkeitsdschungel zu lichten und dadurch wieder die Zeit und Kraft zur Lösung der Problemlagen von Klienten zu konzentrieren, anstelle für Verwaltungshandeln aufzuwenden (vgl. http://www.bewaehrungshilfe.de/Aktuell_20000907.doc),
- die Chance zu nutzen, aus Fehlern zu lernen,
- das Kosten-Nutzen-Verhältnis und damit die Qualität sozialer Dienstleistungen zu steigern (vgl. Hekking in Schubert/Zink, 1997, 207),
- die soziale Dienstleistung nicht nur aus der Sicht der Anbieter zu sehen, sondern auch aus der Perspektive der Kunden (vgl. Hekking in Schubert/Zink, 1997, 207),
- die Verantwortungsbereiche zu verändern,
- mehr Selbstbestimmung und -organisation zu ermöglichen, was die Motivation der Mitarbeiter erhöht und somit zu einem klientenfreundlicheren Beratungsarrangement führen kann (vgl. http://www.bewaehrungshilfe.de/Aktuell_20000907.doc),
- den Blick über die eigene Einrichtung zu öffnen, damit man wettbewerbs- und konkurrenzfähig, aber auch lernfähig und somit flexibel bleibt.

Kritiker der Qualitätsdiskussion sehen die Gefahr, dass die Faktoren Flexibilität und Kreativität in der Sozialen Arbeit durch die Einführung von Qualitätsmanagementsystemen verloren gehen. Doch die Umsetzung der Qualität, die Festlegung von Qualitätsstandards für die Soziale Arbeit bietet eine Menge Möglichkeiten festgefahrene Strukturen zu durchbrechen und mittels neuer Ideen zu beleben. Die „richtige" Umsetzung der in der Industrie entwickelten QM-Systeme auf die Soziale Arbeit erfordert Kreativität, damit man den eigentlichen Aufgaben der Sozialen Arbeit gerecht wird.

Zusammenfassend ist festzuhalten, dass der Einzug der Qualität in die Soziale Arbeit eine Fülle von Chancen bietet. Die Gelegenheiten müssen jedoch ergriffen werden. Die Veränderungsmöglichkeiten bieten sich den Fachkräften in der Sozialen Arbeit, den Anbietern sozialer Dienstleistungen (z. B. Heimen, Beratungsstellen, Bildungsträgern usw.), den Kunden und zwar sowohl den Empfängern sozialer Dienstleistungen als auch den Kostenträgern derselben. Gemäß dem Spruch von *Walter Scheel* „Nichts geschieht ohne Risiko, aber ohne Risiko geschieht auch nichts..." müssen die Chancen aktiv genutzt werden, um Veränderungen bzw. Erneuerungen zu verwirklichen.

9.3 Risiken, Gefahren und Schwierigkeiten der Qualität in der Sozialen Arbeit

Dass mit allem Handeln Risiken verbunden sind, wurde gerade angesprochen.

Einige Schwierigkeiten und Risiken der Qualität in der Sozialen Arbeit werden nun aufgezeigt.

Das Qualitätsmanagement ist für die Industrie entwickelt worden, hauptsächlich aus Kosten- und Wettbewerbsgründen. Eine Umsetzung der DIN EN ISO 9000ff in der Sozialen Arbeit bietet keine Garantie für eine gute Dienstleistung.

Es gibt wichtige Unterschiede zwischen der Produktion und sozialen Dienstleistungen. Die Ergebnisse sozialer Dienstleistungen lassen sich fast nie in objektivierbarer Form messen. Der Prozess der Erbringung einer sozialen Dienstleistung ist mitunter wichtiger als das Ergebnis (vgl. http://www.bewaehrungshilfe.de/Themen_3.html). Soziale Dienstleistungen besitzen keinen Warencharakter, sondern sie konkretisieren sich im Gegensatz zu Konsumgütern erst im Hilfe- und Beziehungsprozess (vgl. Wittenius in Theorie und Praxis der Sozialen Arbeit, 1998, 337). Der Code der Wirtschaft ist nicht einfach auf den Sozialbereich zu übertragen (vgl. Kühnl in Neue Praxis, 2001, 406).

Eine Hauptgefahr liegt in der Minderung der managementorientierten sozialen Dienstleistungen auf betriebswirtschaftliche Gesichtspunkte. Wenn sich billigere Angebote durchsetzen besteht das Risiko, dass die Minimalversorgung in einzelnen Regionen für bestimmte Not- und Bedarfslagen gefährdet ist (vgl. http://www.bewaehrungshilfe.de/ Aktuell_20000907.doc).

In der öffentlichen Diskussion entfacht, angezündet durch die Qualitätsdebatte die Frage, ob die Soziale Arbeit nicht auf Hilfe für die wirklich Bedürftigen oder diejenigen, die resozialisiert werden können, begrenzt werden sollte. Die Wirtschaftlichkeit Sozialer Arbeit wird in Frage gestellt. Ist der Aufwand für bestimmte Klientengruppen gerechtfertigt? (vgl. http://www.bewaehrungshilfe.de/Aktuell_20000907.doc).

Der Abbau sozialer Angebote ist jedoch mit Risiken verbunden, wie u. a. ein mögliches Mehr an sozialer Ausgrenzung. Dies wäre sozialpolitisch sicher nicht erwünscht. Hinzu kommt, dass Hilfesuchende häufig ökonomisch Schwächere sind, mit Defiziten in der sozioökonomischen Ausstattung (Bildung, Wissen), die als Marktteilnehmer keine so starke Position haben, dass sie über ihre Nachfrage das Verhalten der Wettbewerber positiv beeinflussen könnten (vgl. http://www.sozial.de/archiv/a26/4.php3).

Oft ist der Empfänger einer sozialen Dienstleistungen nicht identisch mit dem Finanzier der Leistungen. Die Bezahlung erfolgt durch öffentliche Mittel und ein wirkliches Aussuchen, wo die Leistung durch den Kunden in Anspruch genommen wird, ist nicht möglich. Die Mechanismen des Marktes, die wesentliche Kontrollfunktion haben, bestehen für soziale Dienstleistungen meistens nicht (vgl. http://www.bewaehrungshilfe.de/ Themen_3.html).

Speck kritisiert, dass externe Fachleute nur einen Teil der personen- und institutsbezogenen Qualität beurteilen können. Es sei eine zentrale Aufgabe jeder sozialen Einrichtung soziale Qualität aufzubauen. Die humane Qualität sei in Gefahr, wenn der Faktor Wirtschaftlichkeit aus Kostenreduzierungsgründen dominant wird. Die Soziale Arbeit ist geprägt durch die persönliche Verantwortung für den anderen Menschen. Diese ist von keiner noch so kontrollierten Organisiertheit und von keinem noch so versierten Managementapparat zu ersetzen (vgl. Speck in socialmanagement 2/2000, 32).

Zusammenfassend ist festzustellen, dass, wenn versucht wird, Qualitätsmanagement auf die Soziale Arbeit zu übertragen, viele Risiken und offene Fragen bleiben, die Unbehagen hinterlassen. „Qualität ist nicht frei von gesellschaftlichen Werten und Normen, sie ist ein Produkt unserer Zeit und was für den einen eine gelungene Interaktion ist, mag für den Anderen keine gelungene Interaktion sein" (Kühnl in Neue Praxis, 2001, 409) .

9.4 Die Bedeutung von Qualität für die Professionalisierung Sozialer Arbeit

Die meisten Sozialarbeiter waren vor noch nicht allzu langer Zeit der Ansicht, dass Soziale Arbeit nicht messbar sei und die Sinnhaftigkeit der Tätigkeit wurde dadurch belegt, dass der Bedarf als dringend und die Absichten aller Beteiligten als edel und gut galten. Sozialpädagogen hatten Mühe, Außenstehenden klar zu machen was sie eigentlich leisten (vgl. Heiner in Heiner, 1996, 22).

Eine Anekdote illustriert dies: „Da sagt die alleinerziehende Sozialhilfeempfängerin der Sozialarbeiterin beim Hausbesuch, daß es doch toll sein müsse, einen Beruf zu haben, bei dem man am Nachmittag nichts anderes zu tun habe, als mit Leuten Kaffee zu trinken und zu ratschen" (Heiner in Heiner, 1996, 22).

Nach Ansicht von *Depner* und *Trube* reagiert die Soziale Arbeit auf die Umsteuerung der Sozialpolitik und die veränderten Rahmenbedingungen (vgl. Kapitel 2) recht hilflos. Die Soziale Arbeit hat die Qualitätsdebatte quasi verschlafen und kann aus dieser Defensivposition heraus kaum aktiv in das Geschehen eingreifen. Ein entscheidender Grund hierfür ist die unvollständigen Professionalisierung Sozialer Arbeit (vgl. Depner/Trube in Neue Praxis, 2001, 230).

Der Beweis für das Fehlen eines eigenen theoretischen, begrifflichen und methodischen Instrumentariums sehen *Depner* und *Trube* darin, dass Soziale Arbeit bisher zu sehr versucht hat sich über aus anderen Disziplinen übernommene Methoden zu konstituieren. Hinzu kommt nun auch noch das betriebswirtschaftliche Instrumentarium mit den technischen Verfahren zur Qualitätskontrolle. Um die Gefahr einer gegenläufigen Entwicklung, nämlich die Deprofessionalisierung der Sozialen Arbeit, abzuwehren und sich nicht länger von Berufsfremden enteignen zu lassen, ist die Entwicklung innerberuflicher Standards im Sinne von systematischem, wissenschaftlich begründetem Handlungswissen und deren Durchsetzung in der beruflichen Praxis augenblicklich nötiger denn je (vgl. Depner/Trube in Neue Praxis, 2001, 232-233).

Welche Qualitätsstandards sind für die Soziale Arbeit zu entwickeln?

Fachliche Standards der Profession sind auf der Mikroebene, d. h. in den einzelnen Handlungsfeldern, wie z. B. der Behindertenhilfe, Jugendhilfe, Berufsförderung usw. zu entwickeln. Eine Frage lautet hier, was sind fachlich angemessene Qualitätskriterien für eine gelungene Arbeit mit Schwererziehbaren oder Behinderten. Es geht also um funktionale Qualitätskriterien, die sich auf die Effektivität, d. h. sowohl die inhaltliche Zielerreichung als auch die Wirksamkeit der jeweiligen Arbeit in den verschiedenen Handlungsfeldern beziehen.

Aber auch auf der Makroebene sind Qualitätskriterien zu entwickeln. Denn die neuen Marktbedingungen zwischen sozialen Dienstleistern beinhalten die Gefahr von negativen Effekten, wie z. B. dass gerade diejenigen, die der Hilfe bedürfen kaum auf den Markt Einfluss nehmen können, sei es aus ökonomischen oder gar sozioökonomischen Defiziten. Denkbar sind hier Ethik-Normen, die es Sozialer Arbeit untersagen würden, an sozialer Selektion und Ausgrenzung aus Leistungen beruflich mitzuwirken (vgl. Depner/Trube in Neue Praxis, 2001, 234-235).

Der ökonomische Druck des Themas „Qualität" führt auch zu produktiven fachlichen Debatten und enthält somit das Potential eines Professionalitätsgewinns in der Sozialen Arbeit (vg. Merchel in Merchel, 1999, 11).

Wenn sich Soziale Arbeit nicht länger durch Berufsfremde enteignen lassen und blauäugig betriebswirtschaftliche Begriffe und Argumentationsweisen übernehmen will, so ist es an der Zeit die fachliche Qualitätsdiskussion aufzunehmen und gleichzeitig die Chance zu nutzen sich „endlich" als eigene Wissenschaft zu behaupten.

10. FAZIT UND AUSBLICK

Am Ende dieser Diplomarbeit möchte ich mir ein Fazit sowie einen Ausblick in die Zukunft in Bezug auf das Thema „Qualität in der Sozialen Arbeit – Pflicht oder Chance? erlauben.

Das Thema Qualität hat wie bereits erwähnt, mit einem Tempo Einzug in die Soziale Arbeit gehalten, in der es nicht mehr zu bremsen scheint. Es stellt sich zugleich die Frage, ob und wenn wie man es überhaupt bremsen will. Man kann die Einstellung vertreten, dass das Thema nun mal da ist und wir müssen sehen wie wir damit zu recht kommen. Doch wie man mit Qualität in der Sozialen Arbeit umgeht ist sehr unterschiedlich. Von Ablehnung bis Akzeptanz ist alles vertreten.

Folgendes Zitat von *Merchel* erfasst m. E. viele wichtige Aspekte der Qualitätsdiskussion. Er schreibt: „Trotz aller Skepsis gegenüber dem sozialpolitischen Kontext, in den die Qualitätsdebatte eingebettet ist, ist sowohl aus Gründen politischer Legitimation als auch zur Verbesserung von Professionalität ein offensives Herangehen an das Qualitätsthema erforderlich" (Merchel in Merchel, 1999, 12).

Für mich unterstreicht dieses Zitat meine Einstellung, dass durch die sozialpolitischen Veränderungen die Qualität zur Pflicht in der Sozialen Arbeit geworden ist. Aber es steckt auch ein hohes Potential an Chancen für die Soziale Arbeit darin. Angefangen bei der Überdenkung der täglichen Arbeitsweisen bis hin zur Weiterentwicklung der Profession.

Thiersch schreibt, dass Soziale Arbeit zum Ziel hat, soziale Gerechtigkeit als Basis und Antriebskraft unserer Gesellschaft und des Sozialstaates zu befördern. Dies beinhaltet, sich kritisch mit (sozial-)politisch neuen bzw. anders gewichteten Problemstellungen zu befassen (vgl. Thiersch in Blätter der Wohlfahrtspflege, 1997, 151).

Nun noch mal zu dem Gedanken, ob der Titel der Arbeit „Qualität in der Sozialen Arbeit – Pflicht oder Chance?" richtig gewählt ist. In der Einleitung habe ich darauf hingewiesen, dass der Titel möglicherweise besser „Qualität in der Sozialen Arbeit – Pflicht und Chance?" lauten würde. Ich bin während der Erstellung der Diplomarbeit zu dem Schluss gekommen, dass Qualität in der Sozialen Arbeit, sowohl Pflicht als auch Chance bedeutet. Zum einen wird Qualität, wie bereits erläutert (vgl. Kapitel 9.1), zum Pflichtprogramm für Soziale Arbeit. Aber gleichzeitig bieten sich eine Vielfalt von Chancen (vgl. Kapitel 9.2), die es zu nutzen gilt. Die Qualitätsdebatte beinhaltet also Pflichten und Chancen.

Wenn ich es mir nun erlaube, in die Zukunft zu blicken, so gilt es m. E. nicht zurückzuschauen und dem Verlorenen nachzutrauern, wie z. B. dem Verschlafen der Qualitätsdebatte. Einmal Versäumtes ist schwierig nachzuholen. Doch die Zukunft kann noch gestaltet werden. Mit den Pflichten, die sich aus dem Thema Qualität ergeben, muss man vor allem umgehen lernen.

Noch ist es früh genug die sich bietenden Chancen, die Gestaltungsmöglichkeiten zu nutzen. Qualität wird durch Gesetze gefordert. Augenblicklich hat die Soziale Arbeit jedoch noch die Chance Qualitätskriterien festzulegen, bevor Qualitätsstandards womöglich durch Fachfremde vorgegeben werden.

Die folgende Abbildung zeigt die Bestimmungsfaktoren der Qualität sozialer Dienstleistungen. Aus dem Spannungsverhältnis des fachlichen Wissens der Sozialen Arbeit (Expertenorientierung), dem Anspruch die Bedürfnisse und Erwartungen der Kunden (Kundenorientierung) zu erfüllen und gleichzeitig den gesellschaftlichen Normen und Werte (Werteorientierung) gerecht zu werden, gilt es Mindeststandards für soziale Dienstleistungen zu entwickeln.

Abbildung 19: Die Bestimmungsfaktoren der Qualität sozialer Dienstleistungen

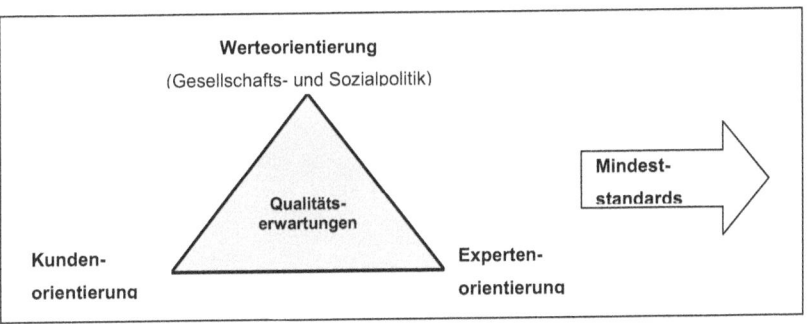

(vgl. Schubert/Zink in Schubert/Zink, 1997, 4)

Qualität hat die Profession der Sozialen Arbeit aufgrund ihres Wissens u. a. über menschliche Bedürfnisse, menschliches Lernen, individuelle, kulturelle und soziale Probleme sowie über soziale Systeme (vgl. Bauer nach Staub-Bernasconi, 2000, 8). Es geht darum, mittels dem Wissen Hilfeformen zu schaffen, die den heutzutage sehr vielschichtigen und zum Teil sehr ungleichen Problem- und Lebenslagen angemessen sind, um präventiv, alltagsnah, partizipierend, aktivierend, integrativ und vernetzend wirksam zu sein (vgl. Thiersch in Blätter der Wohlfahrtspflege, 1997, 152).

Ein Prinzip des Qualitätsmanagement ist es, aus Fehlern zu lernen und diese zukünftig möglichst zu vermeiden. Ein Ziel Sozialer Arbeit für die Zukunft kann sein, aus dem Verschlafen der Qualitätsdebatte zu lernen und die Chancen, die sich aus derselben ergeben endlich zu nutzen. Hierfür ist es hilfreich sein, dass Soziale Arbeit lernt über den eigenen Tellerrand zu schauen (z. B. auch in Nachbarländer), um Trends und neue Erkenntnisse, Methoden u. ä. zu erblicken. Gleichzeitig sollte die Soziale Arbeit darauf achten, dass keine andere Disziplin „im Teller der Sozialen Arbeit" rumrührt oder gar Sachen auftischt, die nicht gewollt sind.

Literaturverzeichnis

- **Becker, Alois** (1996): Qualität durch Zertifizierung in der außerschulischen Jugend- und Erwachsenenbildung; in: Heiner, Maja -Hrsg. -: Qualitätsentwicklung durch Evaluation, Freiburg im Breisgau
- **Bieger, Thomas** (2000): Dienstleistungsmanagement, Einführung in Strategien und Prozesse bei persönlichen Dienstleistungen, Bern, Stuttgart, Wien, Haupt
- **Blätter der Wohlfahrtspflege** (1997), Deutsche Zeitschrift für Sozialarbeit, 144. Jahrgang, Heft 7/8
- **Blazek, Alfred** (2000): Controlling; in: Hauser, Albert/Neubarth, Rolf/Obermair, Wolfgang - Hrsg. -: Sozial-Management, Praxis-Handbuch soziale Dienstleistungen, Neuwied, Kriftel (Taunus)
- **Böffel, Stefan/Beisel, Marc** (1997): Zertifizierung nach DIN EN ISO 9002 – Erfahrungen aus dem Umsetzungsprojekt mit rheinland-pfälzischen Werkstätten für Behinderte; in: Schubert H-J./Zink K. J. - Hrsg. -: Qualitätsmanagement in sozialen Dienstleistungen, Neuwied, Kriftel/Ts., Berlin
- **Brakhahn, Wilhelm/Vogt, Ulrike** (1996): ISO 9000 für Dienstleister, schnell und effektiv zum Zertifikat, Landsberg
- **Brauer, Jörg-Peter** (1997): DIN EN ISO 9000 – 9004 umsetzen, Gestaltungshilfen zum Aufbau Ihres Qualitätsmanagementsystems, München, Wien
- **Bruhn, Manfred/Homburg, Christian** (2001): Gabler Marketing Lexikon, Wiesbaden
- **Corporate Quality Akademie (CQA)** (1998): Gesamte Arbeitswelt einbeziehen, TQM, Brilon
- **Depner, Rolf/Trube, Achim** (2001): Der Wandel der Gesellschaft und die Qualitätsdebatte im Sozialsektor; in: Neue Praxis, Zeitschrift für Sozialarbeit, Sozialpädagogik und Sozialpolitik, 31. Jahrgang 2001, Heft 3, 217-237, Neuwied
- **Deutsche Gesellschaft für Qualität e. V. (DGQ)** - Hrsg. – (1990): TQM - eine unternehmensweite Verpflichtung, Berlin
- **Deutscher Verein für öffentliche und private Fürsorge** – Hrsg. – (1997): Fachlexikon der sozialen Arbeit, Stuttgart, Berlin, Köln

- **Engel, Matthias/Flösser, Gaby/Gensink, Gesine** (1996): Qualitätsentwicklung in der Dienstleistungsgesellschaft – Perspektiven für die Soziale Arbeit; in: Heiner, Maja - Hrsg. -: Qualitätsentwicklung durch Evaluation, Freiburg im Breisgau

- **Engelke, Ernst** (1998): Theorien der Sozialen Arbeit - Eine Einführung, Freiburg im Breisgau

- **European Foundation for Quality Management** (2000): Das EFQM-Modell für Excellence, Öffentlicher Dienst und soziale Einrichtungen, Brüssel

- **European Foundation for Quality Management** (2000): Die acht Eckpfeiler der Excellence, Die Grundkonzepte der EFQM und ihr Nutzen, Brüssel

- **European Foundation for Quality Management** (2001): Excellence einführen, Brüssel

- **Frehr, Hans Ulrich** (1994): Total-Quality-Management; in: Masing, Walter (Hrsg.): Handbuch Qualitätsmanagement, Wien

- **Glaap, Winfried** (1996): ISO 9000 leichtgemacht: praktische Hinweise und Hilfen zur Entwicklung und Einführung von QM-Systemen, München, Wien

- **Graichen, Frank** (2000): Darstellung des Verfahrens; in: Merchel, Joachim - Hrsg. - : Qualitätsentwicklung in Einrichtungen und Diensten der Erziehungshilfe, Methoden, Erfahrungen, Kritik, Perspektiven, Frankfurt am Main

- **Gumpp, Gunther B./Wallisch, Franz** (1996): ISO 9000 entschlüsselt, Regensburg

- **Haller, Sabine** (1998): Beurteilung von Dienstleistungsqualität, dynamische Betrachtung des Qualitätsurteils im Weiterbildungsbereich, Wiesbaden

- **Hauser, Albert/Neubarth, Rolf/Obermair, Wolfgang** - Hrsg. - (2000): Sozial-Management: Praxis-Handbuch soziale Dienstleistungen, Neuwied, Kriftel (Taunus)

- **Heiner, Maja** - Hrsg. - (1996): Qualitätsentwicklung durch Evaluation, Freiburg im Breisgau

- **Heiner, Maja** (1996): Evaluation zwischen Qualifizierung, Qualitätsentwicklung und Qualitätssicherung, Möglichkeiten der Gestaltung von Evaluationssettings; in: Heiner, Maja - Hrsg. -: Qualitätsentwicklung durch Evaluation, Freiburg im Breisgau
- **Hekking Klaus** (1997): Qualitätsmanagement in sozialen Dienstleistungsunternehmen – Modegag oder ein Weg zu mehr Servicequalität? In: Schubert H-J./Zink K. J. - Hrsg. -: Qualitätsmanagement in sozialen Dienstleistungen, Neuwied, Kriftel/Ts., Berlin
- **Hollerith, Erich** (1997): Qualitätssicherung und –förderung als Aufgaben des Trägers von sozialen Einrichtungen; in: Schubert H-J./Zink K. J. - Hrsg. -: Qualitätsmanagement in sozialen Dienstleistungen, Neuwied, Kriftel/Ts., Berlin
- **Institut für Technologie und Arbeit, Verband Kath. Einrichtungen und Dienste für Lern- und geistigbehinderte Menschen e. V.** - Hrsg. - (1998): Einführung eines Qualitätsmanagementsystems orientiert an Sylque, Freiburg im Breisgau
- **Irskens, Beate/Vogt, Herbert** - Hrsg. - (2000): Qualität und Evaluation, Eine Orientierung – nicht nur für Kindertageseinrichtungen, Frankfurt am Main
- **Kamiske, Gerd F., Brauer Jörg-Peter** (1999): Qualitätsmanagement von A bis Z: Erläuterungen moderner Begriffe des Qualitätsmanagements, München, Wien
- **Kemenade van, Everard** (1996): Selbstevaluation und Qualitätsauszeichnung in der niederländischen Ausbildung Sozialer Berufe; in: Heiner, Maja - Hrsg. -: Qualitätsentwicklung durch Evaluation, Freiburg im Breisgau
- **Köhler, Karsten** (1995): DIN ISO 9000 ff. beim Bildungsträger, München, Mering
- **Kühnl Bernhard** (2001): Der Qualitätsdiskurs in der Sozialen Arbeit: Chancen und Gefahren, in: Neue Praxis, Zeitschrift für Sozialarbeit, Sozialpädagogik und Sozialpolitik, 31. Jahrgang, Heft 4, 405-410, Neuwied
- **Lung, Helmut** (1998): Nonprofit-Management, Führen, Verwalten, ISO 9000, München, Basel
- **Masing, Walter** - Hrsg. - (1994): Handbuch Qualitätsmanagement, Wien
- **Meinhold, Marianne** (1998): Qualitätssicherung und Qualitätsmanagement in der sozialen Arbeit, Einführung und Arbeitshilfen, Freiburg im Breisgau

Qualität in der Sozialen Arbeit - Pflicht oder Chance?

- **Merchel, Joachim** - Hrsg. - (1999): Qualität in der Jugendhilfe, Kriterien und Bewertungsmöglichkeiten, Münster
- **Merchel, Joachim** (1999): Einleitung: die Qualitätsdebatte – ein erfolgsversprechender Qualifizierungsimpuls für die Jugendhilfe? In: Merchel, Joachim - Hrsg. - Qualität in der Jugendhilfe, Kriterien und Bewertungsmöglichkeiten, Münster
- **Merchel, Joachim** (1999): Zwischen Effizienzsteigerung, fachlicher Weiterentwicklung und Technokratisierung: Zum sozialpolitischen und fachpolitischen Kontext der Qualitätsdebatte in der Jugendhilfe; in: Merchel, Joachim - Hrsg. -: Qualität in der Jugendhilfe, Kriterien und Bewertungsmöglichkeiten, Münster
- **Merle, Uwe** (1998): Total-quality-Management? Anspruch und Wirklichkeit eines „unternehmensweiten" Qualitätsmanagements; Hintergründe und Handlungsempfehlungen, Regensburg
- **Neubarth, Rolf** (2000): Qualitätsmanagement in sozialen Dienstleistungsorganisationen, Das Europäische Modell für umfassendes Qualitätsmanagement (E.F.Q.M.); in: Hauser, Albert/Neubarth, Rolf/Obermair, Wolfgang - Hrsg. -: Sozial-Management: Praxis-Handbuch soziale Dienstleistungen, Neuwied, Kriftel (Taunus)
- **Neue Praxis** (2001): Zeitschrift für Sozialarbeit, Sozialpädagogik und Sozialpolitik, 31. Jahrgang 2001, Heft 3 und 4, Neuwied
- **Oess, Attila** (1993): Total quality management, Die ganzheitliche Qualitätsstrategie, Wiesbaden
- **Oess, Attila** (1994): Total Quality Management: Eine ganzheitliche Unternehmensphilosophie in Stausss, Bernd - Hrsg. - Qualitätsmanagement und Zertifizierung: von DIN ISO 9000 zum Total-Quality-Management, Wiesbaden
- **Oppen, Maria** (1997): Qualitätsmanagement; in: Deutscher Verein für öffentliche und private Fürsorge – Hrsg. –: Fachlexikon der sozialen Arbeit, Stuttgart, Berlin, Köln
- **Peters, Tom/Austin, Nancy** (1993): Leistung aus Leidenschaft, Über Management und Führung, Hamburg
- **Schubert H.-J.** (1997): Von Leistungs- und Prüfvereinbarungen zur Umsetzung umfassender Qualitätsmanagementkonzepte; in: Schubert H-J./Zink K. J. - Hrsg. -: Qualitätsmanagement in sozialen Dienstleistungen, Neuwied, Kriftel/Ts., Berlin

- **Schubert H.-J./Zink. K. J.** (1997) : Eine Einführung in das Werk: Zur Qualität sozialer Dienstleistungen; in: Schubert H-J./Zink K. J. - Hrsg. -: Qualitätsmanagement in sozialen Dienstleistungen, Neuwied, Kriftel/Ts., Berlin
- **Schubert H-J./Zink K. J.** - Hrsg. - (1997): Qualitätsmanagement in sozialen Dienstleistungen, Neuwied, Kriftel/Ts., Berlin
- **Schubert, H.-J./Zink K. J.** (2001): Qualitätsmanagement im Gesundheits- und Sozialwesen, Neuwied, Kriftel
- **Socialmanagement** (2000), Zeitschrift für Sozialwirtschaft, 10. Jahrgang, 2/2000, 32-33, Baden-Baden
- **Speck, Otto** (1999): Die Ökonomisierung sozialer Qualität, Zur Qualitätsdiskussion in Behindertenhilfe und Sozialer Arbeit, München, Basel
- **Speck, Otto** (2000): Der Markt ist blind; in: Socialmanagement, Zeitschrift für Sozialwirtschaft, 10. Jahrgang, 2/2000, 32-33, Baden-Baden
- **Spiess, Kurt** (1997): Qualität und Qualitätsentwicklung, Eine Einführung, Aarau/Schweiz
- **Staub-Bernasconi** (2000): Das fachliche Selbstverständnis der Sozialen Arbeit und EDV-gestützte Dokumentation, Referat zur Fachtagung im Institut für Sozialarbeit und Sozialpädagogik e. V. in Frankfurt am Main
- **Stauss, Bernd** - Hrsg. - (1994): Qualitätsmanagement und Zertifizierung: von DIN ISO 9000 zum Total-Quality-Management, Wiesbaden
- **St. Josefs-Werkstätten** – Hrsg. -, Qualitätsmangemanthandbuch, Plaidt
- **Theorie und Praxis der Sozialen Arbeit** (1998), Fachzeitschrift der Arbeiterwohlfahrt, 9/98, Bonn
- **Thiersch, Hans** (1997): Gerechtigkeit und Effektivität; in: Blätter der Wohlfahrtspflege, Deutsche Zeitschrift für Sozialarbeit, 144. Jahrgang, Heft 7/8
- Thombansen, Ulla/Laske, Manfred/Possler, Christine/Dr. Rasmussen, Bernd (1994): Vertrauen durch Qualität, Paderborn
- **Wetzler, Rainer** (1996): Internationale Evaluationsansätze zur Qualitätssicherung sozialer (residentieller) Dienstleistungen; in: Heiner, Maja - Hrsg. -: Qualitätsentwicklung durch Evaluation, Freiburg im Breisgau

- **Wittenius, Ullrich** (1998): Systemwechsel in der sozialen Arbeit; in: Theorie und Praxis der Sozialen Arbeit, Fachzeitschrift der Arbeiterwohlfahrt, 335-339, Bonn
- **Zink Klaus J.** - Hrsg. - (1992): Qualität als Managementaufgabe, Total Quality Management, Landsberg/Lech
- **Zink, Klaus J.** (1997): Qualitätsmanagement – Relevanz in Werkstätten für Behinderte; in: Schubert H-J./Zink K. J. - Hrsg. -: Qualitätsmanagement in sozialen Dienstleistungen, Neuwied, Kriftel/Ts., Berlin

Literatur aus dem Internet

- http://www.bewaehrungshilfe.de/Aktuell_20000907.doc
- http://www.bewaehrungshilfe.de/Aktuell_20000907.doc
- http://www.bewaehrungshilfe.de/Themen_3.html
- http://www.deming.de/efqm/modellgrund-1.html
- http://www.deming.de/iso9000/iso_tqm.html
- http://www.bb-saffig.de/st-josefs-werkstaetten
- http://www.bewaehrungshilfe.de/Themen_3.html

www.ingramcontent.com/pod-product-compliance
Lightning Source LLC
Chambersburg PA
CBHW020130010526
44115CB00008B/1057